Familien-Geschichte

Eigene und

Familien-Geschichte,

angefangen von

M. Karl Eberhard August Ludwig,

Neuenbürg, d. 24. Januar. 1812.

Herausgeber Ulrich Ludwig

Herstellung und Verlag: BoD – Books on Demand, Norderstedt
ISBN 9783746068763
Print in Germany 2018

Inhaltsverzeichnis

Vorwort

Vor mehr als 40 Jahren, als wir noch in Tübingen wohnten, bekam ich die „Familiengeschichte Ludwig" in die Hand. Mein Vater, Reinhold Ludwig (1913-1999), hatte das handgeschriebene Buch von meinem Patenonkel, Gottlob Ludwig (1905-1984), weil er die Daten seiner und damit auch meiner Vorfahren sammelte und daraus eine „Ahnentafel Ludwig" erstellen wollte.

Ich fotografierte damals die Seiten und vergrößerte sie, damit der Text für meinen Vater besser lesbar war. Gleichzeitig sollten die Negative dieses Buch dokumentieren. Eine erste Zusammenstellung der Nachkommen des Apothekers Wilhelm Ludwig von Rosenfeld (1838-1921) brachte mein Vater zum Ludwigstag 1976 auf den Fasanenhof bei Stuttgart mit. Der Vater dieses Apothekers, Emil Ludwig (1809-1883), ebenfalls Apotheker in Rosenfeld und mein UrUrGroßvater, ist in dem vorliegenden Buch erwähnt.

Die „Familiengeschichte Ludwig" ist von verschiedenen Autoren in Sütterlin geschrieben, also in einer Handschrift, die heute nicht von jedem lesbar ist. Ich hatte sie in der Grundschule im Fach „Schönschrift" noch gelernt. Damit auch andere die Texte lesen können, begann mein Vater, die Kapitel in die derzeit übliche, lateinische Schrift zu übertragen. Er kaufte sich, als er im Ruhestand war, eine elektrische Speicherschreibmaschine mit Disketten als Speichermedium.

Ich konnte die Dateien in meinen Computer übernehmen und erste Ausdrucke davon machen. Die meisten Buchstaben in diesem Buch stammen von einem Fingerdruck meines Vaters, der 1999 verstorben ist, und sind dann als Datei über mich bis zur Druckerei gelangt.

Ulrich Ludwig im Januar 2018

Familien-Geschichte

Eigene
und

Familien=

Geschichte,

angefangen

von

M. Karl Eberhard August Ludwig,
Naumburg, d. 24. Januar. 1812.

Juvante Deo.

Einleitung.

§ 1.   Wenn ich mir vorstelle, es hätte irgend

einer meiner ältesten Urgroßväter -

etwa schon vor mehreren Jahrhunderten -

als Familien Vater eine Art von Fami-

lien Chronik zu schreiben angefangen,

worin er theils den Stammbaum und das

Merkwürdigste aus der übrigen Lebens

Geschichte der Seinigen rückwärts, so

weit er hätte gehen können, theils seine

eigene Geschichte und die Veränderun-

gen in seiner Familie zu seinen Leb-

zeiten aufgezeichnet hätte; - er wäre

dabey nicht bloß bey der Vergangenheit

Juvante Deo.

Einleitung.

Wenn ich mir vorstelle, es hätte irgend   §. 1.
einer meiner ältesten Urgroßväter
— etwa schon vor mehreren Jahrhunderten —
als Familienvater eine Art von Familien Chronik zu schreiben angefangen,
worin er theils den Stammbaum und das
Merkwürdigste aus der übrigen Lebens-
Geschichte der Seinigen rückwärts, so
weit er hätte gehen können, theils seine
eigenen Geschichte und die Veränderun-
gen in seiner Familie zu seinen Lebzeiten aufgezeichnet hätte; — er wäre
dabey nicht bloß bey der Vergangenheit

und Gegenwart stehen geblieben, sondern

hätte auch die Einrichtung getroffen, daß

dieses Familien Geschichtbuch auch nach seinem

Tode von Geschlecht zu Geschlecht mit gleicher

Genauigkeit bis auf mich u. meine ge-

genwärtige Zeit fortgesezt worden

wäre. - Welch' ein intressantes Werk

müßte nach und nach aus diesen, wenn auch

gleich fragmentarischen Aufzeichnungen

bis jetzt entstanden seyn! Man darf

nur halb von Familien Sinn und Fami-

lien Gemeingeist erwärmt seyn, um

sich zu überzeugen, daß ein solches

Werk ein wahrer Schaz für eine Familie

seyn müßte, ein Schaz, für dessen Er-

haltung man mit jedem weiteren Jahr-

hundert sorgfältiger u. zärtlicher besorgt

seyn würde.

und Gegenwart stehen geblieben, sondern
hätte auch die Einrichtung getroffen, daß
dieses Familien Geschichtbuch auch nach seinem
Tode von Geschlecht zu Geschlecht mit gleicher
Genauigkeit bis auf mich u. meine gegenwärtigen Zeit fortgesetzt worden
wäre: —— Welch ein interessantes Werk
müßten nach und nach aus diesen, wenn auch
gleich fragmentarischen Aufzeichnungen
bis jezt entstanden seyn! Man darf
nur halb von Familien Sinn und Familien Gemeingeist erwärmt seyn, um
sich zu überzeugen, daß ein solches
Werk ein wahrer Schaz für eine Familie
seyn müßte, ein Schaz, für dessen Erhaltung man mit jedem weiteren Jahrhundert sorgfältiger u. zärtlicher besorgt
seyn würde.

Ich wenigstens würde nie ohne Rührung, ohne

eine Art von Andacht in diesen Annalen

meiner ehrwürdigen Familien Vorwelt lesen,

und, indem bald dieses bald jenes liebe Bild

eines edlen entschlafenen Familien Gliedes

vor mir vorüberzöge, würde ich mir und

meinen Kindern um mich her zurufen:

So müßen auch wir werden, so auch wir

denken, handeln und sterben; das Erb-

theil der Tugend und Biederkeit, das von

ihnen auf uns gekommen ist, darf bey

uns nicht erlöschen noch abnehmen, muß

vielmehr als ein heiliges Depositum

bewahrt und von Generation zu Genera-

tion vermehrt und erhöht werden! Jeder

von uns jetzt Lebenden ist in dieser langen

Familienkette ein Glied, auf welches die

Augen der ganzen Familie - der Verewigten

Ich wenigstens würde nie ohne Rührung, ohne
eine Art von Andacht in diesen Annalen
meiner ehrwürdigen Familie vorwärts lesen,
und, indem bald dieses bald jenes liebe Bild
eines edlen entschlafenen Familiengliedes
vor mir vorüberzöge, würde ich mir und
meinen Kindern zurufen:
So müssen auch wir werden, so auch wir
denken, handeln und sterben; das Erb-
theil der Tugend und Biederkeit, das von
ihnen auf uns gekommen ist, dürfen wir
uns nicht verlöschen, noch abnehmen, muß
vielmehr als ein heiliges Depositum
bewahrt und von Generation zu Generation vermehrt und erhöht werden! Jeder
von uns jetzt Lebenden ist in dieser langen
Familienkette ein Glied, auf welches die
Augen der ganzen Familie — Der Verewigten

sowohl, als der noch Kommenden – gerichtet

sind und seyn werden. Wohl uns, wenn

die kommenden Geschlechter einst auch bey

uns in diesem Buche mit Wohlgefallen

verweilen und - wenn wir schon längst

zu Staub und Erde geworden sind -

unser Andenken noch mit kindlicher Dank-

barkeit und Liebe segnen!

§ 2.   Den sonstigen Nutzen, den eine

solche lang und ununterbrochen fortge-

sezte Familien Chronik für uns, für

andere Familien und selbst in gewissen

Fällen für das Vaterland in politischen,

ökonomischen, literarischen und andere

Rüksichten gewähren kann, übergehe ich.

Es läßt sich leicht eine Menge Fälle denken,

in welchen ein solches Werk vielfach und

bedeutend nüzlich werden kann.

4.

sowohl, als der noch kommenden — gerichtet
sind und seyn werden. Wohl uns, wenn
die kommenden Geschlechter einst auch bey
uns in diesem Buche mit Wohlgefallen
verweilen und — wenn wir schon längst
zu Staub und Erde geworden sind —
unser Andenken noch mit kindlicher Dank-
barkeit und Liebe segnen!

§. 2. Den sonstigen Nuzen, den eine
solche lange und ununterbrochen fortge-
sezte Familien Chronik für uns, für
andere Familien und selbst in gewissen
Fällen für das Vaterland in politischen,
ökonomischen, literarischen und andern
Rüksichten gewähren kan, übergehe ich.
Es läßt sich leicht Manche Fälle denken,
in welchen ein solches Werk vielfach und
bedeutend nüzlich werden kan.

§ 3.   Bisher haben wir in unserer Familie ausser

einigen schwachen Fragmenten von Stamm-

bäumen durchaus kein Familien Geschicht-

buch von dieser Art. Mein Vater, an

dessen 60tem Geburtstage ich heute

diese Einleitung, als Anfang und

Grundlage zu einer solchen Familien

Geschichte niederschreibe, ist alt; in

seinem Gedächtnis aber ruhen eine

Menge zuverläßiger und intressanter

Nachrichten aus der Vorzeit unserer

Familie, die mir zum Theil ganz unbekannt,

zum Theil nicht klar genug erinnerlich

sind; verläßt er uns einst über kurz

oder lange (Gott erhalte ihn uns noch

lange am Leben!): so würde uns mit

ihm diese ganze Summe von Familien Nach-

richten entrissen werden.

§. 3.

Bisher haben wir in unserer Familie außer einigen schwachen Fragmenten von Stamm- bäumen durchaus kein FamilienGeschicht- buch von dieser Art. Mein Vater, an dessen 60<u>ten</u> Geburtstage ich heute diese Einleitung, als Anfang und Grundlage zu einer solchen Familien- Geschichte niederschreibe, ist alt; in seinem Gedächtnisse aber ruhen eine Menge zuverlässiger und interessanter Nachrichten aus der Vorzeit unserer Familie, die mir zum Theil ganz unbekannt, zum Theil nicht klar genug erinnerlich sind; verläßt er uns einst über kurz oder lange (Gott erhalte ihn und noch lange am Leben!): so würde uns mit ihm diese ganze Summe von FamilienNach- richten entrissen werden.

Ich zaudere daher nicht länger mit der
Ausführung dieses Gedankens, der mich
schon seit geraumer Zeit beschäftigte.
Von heute an soll sich der Anfang der
Geschichte meiner Familie datieren, und
ich lege hier mit dieser Unternehmung folgenden Plan und folgende nähere Bestimmungen zum Grunde.

§ 4.　1.) Diese ganze Geschichte ist durchaus nichts
für eine öffentliche Erscheinung bestimmtes, sondern ganz Privatsache. Meine
nächste und eigentliche Absicht war u. ist:
Inzwischen bloß für mich - im Stillen -
was ich aus der Vergangenheit und Gegenwart Merkwürdiges von meiner Familie
weiß und erfahre, aufzuzeichnen; nichts
in mein Buch aufzunehmen, was der Wahrheit nicht ganz gemäß ist, (so daß man
sich also mit Zuverläßigkeit auf meine
Angaben verlassen kann,) und bey meinen

Ich zaudere daher nicht länger mit der Ausführung dieses Gedankens, der mich schon seit geraumer Zeit beschäftigte. Von heute an soll sich der Anfang der Geschichte meiner Familie datiren, und ich lege hiermit dieser Unternehmung folgenden Plan und folgende nähere Bestimmungen zum Grunde:

§. 4. 1.) Diese ganze Geschichte ist Inhalts nichts für eine öffentliche Erscheinung bestimmtes, sondern ganz Privatsache. Meine nächste und eigentliche Absicht war u. ist: Inzwischen bloß für mich – im Stillen – was ich aus der Vergangenheit u. Gegenwart Merkwürdiges von meiner Familie weiß und erfahren, aufzuzeichnen; nicht in mein Buch aufzunehmen, was der Wahrheit nicht ganz gemäß ist, (so daß man sich also mit Zuverlässigkeit auf meine Angaben verlassen kan,) und bey meinen

Kindern, wenn sie Gott am Leben erhalten

sollte, die Einrichtung zu treffen, daß

diese meine Familiengeschichte nach mir von

ihnen ebenso treu, ununterbrochen und

zuverläßig als von mir selbst fort-

gesezt werde. Freuen würde es mich dann

selbst nach meinem Tode noch - freuen, wenn

diese Fortsezung wirklich einst zu Stande

käme und fortgeführt würde. Wäre dieß

aber auch nicht: Nun - so hätte ich damit

doch etwas Gutes gewollt und bin nicht daran

schuldig, wenn das Vollbringen dem Wollen

nicht entspricht. Ich lebe aber der freudi-

gen Hoffnung, die Sache werde auch nach

mir fortgesezt werden und bin lebendig

überzeugt, je ehrwürdiger durch das Alter

diese Familien Urkunden werden, desto

intressanter werden sie werden u. desto sorg-

fältiger u. theilnehmender wird man - wenn ich

Kindern, wen sie Gott am Leben erhalten
sollte, die Ermahnung zu trachten, daß
diese meine Familiengeschichte nach mir von
ihnen eben so treu, ununterbrochen und
zuverlässig als von mir selbst fortgesetzt werde. Freuen würde es mich dar-
selbst nach meinem Tode noch freuen, wen
diese Fortsetzung wirklich einst zu Stande
käme und fortgeführt würde. Wäre dies
aber auch nicht: nun — so hätte ich damit
doch etwas Gutes gewollt und bin nicht daran
schuldig, wen das Vollbringen dem Wollen
nicht entspricht. Ich lebe aber der freudigen Hoffnung, die Sache werde auch nach
mir fortgesetzt werden und bin lebendig
überzeugt, je ehrwürdiger durch das Alter
diese Familien Urkunden werden, desto
interessanter werden sie werden u. desto sorgfältiger u. theilnehmender wird man — wen ich

lange nicht mehr lebe - für ihre Erhaltung
und Fortsezung besorgt sein.

§ 5. 2.) Nur freylich muß es eben deßwegen un-
verbrüchliche Bedingung bleiben, daß nur
dasjenige Glied der jeztlebenden Familie
die Besorgung dieses Familienbuches über-
nehme, das von selbst, aus eigenem Triebe,
ohne alle andere Nebenrüksichten das meiste
Intresse für diese so angenehme Beschäftigung, aber auch die nöthigen Eigen-
schaften und selbst den äußeren Verhältnissen nach, die erforderliche Lage hat, um
diese Geschichte mit Treue und Zuverläßigkeit, sowie mit unverdrossener
Beharrlichkeit fortsezen zu können.
Jedes Mitglied der Familie sollte wenigstens, soweit es ihm möglich ist, dafür
besorgt seyn, daß das Werk gut und treu
und ununterbrochen fortgesezt würde, wenn
es auch nicht selbst die Fortsezung übernähme.

lange nicht mehr leben – für ihre Erhaltung
und Fortsetzung besorgt seyn.

§. 5.   2.) Nur freilich muß es abwechslungen un=
verbrüchliche Bedingung bleiben, daß nur
dasjenige Glied der jetzlebenden Familie
die Besorgung dieser Familienbücher über=
nehme, das von selbst, aus eignem Triebe,
ohne alle andere Nebenrücksichten das meiste
Interesse für diese so angenehme Beschäf=
tigung, aber auch die nöthigen Eigen=
schaften und selbst den äußern Verhält=
nissen nach, die erforderliche Lage hat, um
diese Geschichte mit Treuen und Zuver=
lässigkeit, so wie mit ungedroßener
Beharrlichkeit fortsetzen zu können.
Jedes Mitglied der Familie sollte wenig=
stens, so weit es ihm möglich ist, dafür
besorgt seyn, daß das Werk gut und treu
und ununterbrochen fortgesetzt würde, wer
es auch nicht selbst die Fortsetzung über=
nähme.

§ 6. 3.) Mein ganzes Geschäft theilt sich nun in 2. Theile,
in die Beschreibung der Vergangenheit und
der Gegenwart. Für die Zukunft bin ich un-
bekümmert und lasse nach Artikel 1. u. 2. Die
Nachkommen dafür sorgen. Sie werden, ich sehe
es im Geiste voraus, in unsere Fußstapfen
treten und unsere Vorarbeiten, die wir
bloß deswegen unternommen haben, weil
wir auf Fortsezung hofften, nicht dadurch
zu verlornen Arbeiten machen, daß sie
den Faden abschneiden oder schlecht u. brüchig
spinnen, den wir jezt Lebenden so gut
gemeint und treu und, hoff' ich, stark genug
angesponnen haben. - Was nun die Beschreibung der Vergangenheit betrifft, die mir,
weil sie, wenn sie einmahl verloren wäre,
unersezlich verloren wäre, vor der
Hand am meisten wichtig ist, so schike ich
diesen ersten Band meiner Familiengeschichte vor allen Dingen meinem Vater

§. 6.

3.) Mein ganzes Geschäft theilt sich nun in 2 Theile,
in die Beschreibung der Vergangenheit und
der Gegenwart. Für die Zukunft bin ich un-
bekümmert und laße nach Artikel 1. u. 2. die
Nachkommen dafür sorgen. Sie werden, ich sehe
es im Geiste voraus, in unsere Fußstapfen
treten und unsere Vorarbeiten, die wir
bloß deßwegen unternommen haben, weil
wir auf Fortsetzung hofften, nicht dadurch
zu verlornen Arbeiten machen, daß sie
den Faden abschneiden oder schlecht u. dürftig
fortspinnen, den wir jetzt lebenden so gut=
gemeint und treu und, hoff' ich, stark genug
angesponnen haben. — Was nun die Beschreibung der Vergangenheit betrifft, die mir,
weil sie, wenn sie einmahl verloren wär'n,
unersetzlich verloren wäre, vor der
Hand am meisten wichtig ist, so schicke ich
diesem ersten Band meiner Familiengeschichte vor allen Dingen meinen Vater

mit der angelegentlichen Bitte zu, mir darin, -
was er sich nur immer mit Zuverläßigkeit von der Vorzeit unserer Familie
entsinnen und in Papieren auffinden kann,
das heißt also a.) die Geschichte seiner Voreltern b.) die Geschichte der Voreltern
meiner Mutter c.) seine eigene Lebensgeschichte d.) die Lebensgeschichte meiner
Mutter - möglichst ausführlich, treu
und zuverläßig (obgleich ohne alle
Kunst und Zwang, es ist ja nur privat
und Familien-Sache) eigenhändig darin
niederzuschreiben.

Hierauf werde ich alsdann meine eigene
und dann die Lebensbeschreibung meiner
andern Geschwister und ihrer Gatten
und Gattinnen folgen lassen. - Und so
soll dann fernerhin jede weitere bedeutende Familienangelegenheit, die
sich mit uns jezt lebenden Familiengliedern
zuträgt, sobald nur immer die Neuheit

mit der angelegentlichen bitte zu, mir darin,
—was er sich nur immer mit Zuverlässig=
keit von der Vorzeit unserer Familie
entsinnen, und in Papieren auffinden kan,
das heißt also a.) die Geschichte seiner Voraltern b.) die Geschichte der Voraltern
meiner Mutter c.) seine eigene Lebens-
Geschichte d.) die Lebensgeschichte meiner
Mutter — möglichst ausführlich, treu
und zuverlässig (obgleich ohne allen
Kunst und Zwang; es ist ja nur Privat-
und Familien-Sache) eigenhändig darin
niederzuschreiben.

Hierauf werde ich alsdan meine eigene
und dan die Lebensbeschreibung meiner
andern Geschwistern und ihrer Gatten
und Gattinnen folgen lassen. — Und so
soll dan fernerhin jede weitere bedeutende Familien Angelegenheit, die
sich mit uns jetzt lebenden Familienglieder
zuträgt, sobald nur immer die Neuheit

eines Vorfalls seine zuverläßige Be-

schreibung zuläßt, von mir eingetragen

und dieß - solange mir Gott das Leben

schenkt - von mir fortgesezt werden.

§ 7.   4.) Sterbe ich und meine Kinder sind noch nicht

fähig, dies Buch seiner Würde gemäß fort-

zusezen: so seyen hiermit alle meine Ge-

schwistrige und namentlich dasjenige unter ihnen,

das am meisten Inresse und Beruf für

diese Beschäftigung in sich fühlt, innigst von

mir gebeten, die Fortsezung dieser – ganz

kunstlosen und nur fragmentarischen

Geschichte zu übernehmen. Sollten aber

<u>meine eigenen</u> Kinder im Stande seyn,

oder in den Stand kommen, dieß thun zu

können: so mache ich es ihnen, als meinen

lezten Willen, <u>zuerst</u> und <u>vorallen an-

dern</u> zur Pflicht, denen, die es bisher be-

sorgten, diese Besorgung <u>abzunehmen</u> u.

eines Vorfalls seine zuverläßige Beschreibung zuläßt, von mir eingetragen
und diese — so lange mir Gott das Leben
schenkt — von mir fortgesetzt werden.

4.) Sterbe ich und meine Kinder sind noch nicht §. 7.
fähig, dieß Buch seiner Würde gemäß fortzusetzen: so seyen hiermit alle meine Ge-
schwistrige und namentlich dasjenige unter ihnen,
das am meisten Interesse und Beruf für
diese Beschäftigung in sich faßt, inständig von
mir gebeten, die Fortsetzung dieser — ganz
kunstlosen und nur fragmentarischen —
Geschichte zu übernehmen. — Sollten aber
meine eigenen Kinder im Stande seyn,
oder in den Stand kommen, dieß thun zu
können: so mache ich es ihnen, als meinen
letzten Willen, zuerst und vor allen andern zur Pflicht, denen, die es bisher be-
sorgten, diese Besorgung abzunehmen u:

sie selbst - ihrer Voreltern, ihres Vaters

und ihrer kommenden Familie würdig -

treu und zuverläßig fortzusezen und

diese Besorgung demjenigen unter

ihnen zu übergeben, das am meisten

Intresse und innern u. äußern Beruf

dazu in sich fühlt und hat.

§ 8.   5.) Besondere Beilagen, Dokumente,

Stammbäume und andere dergleichen

zur Familiengeschichte gehörigen

Papiere werden von dem Fortsezer

der Chronik in einer besondern -

einer Feuersgefahr leicht entreiß-

baren - Kapsel aufbewahrt. Sie sind

mit fortlaufenden Nummern bezeich-

net, welche zugleich auch auf dem Rande

des Geschichtbuches selbst - am gehörigen

Orte bemerkt sind.

sie selbst – ihrer Voreltern, ihres Namens und ihrer kommenden Familie würdig – treu und zuverlässig fortzusetzen und diese Besorgung demjenigen unter ihnen zu übergeben, das am meisten Interesse und innern u. äußeren darauf dazu in sich fühlt und hat.

§. 8.

5) Besondere Beylagen, Dokumente, Stammbäume und andere dergleichen zur Familiengeschichte gehörige Papiere werden von dem Fortsetzer der Chronik in einer besondern – einer Feuersgefahr leicht entreiß- baren – Kapsel aufbewahrt. Sie sind mit fortlaufenden Nummern bezeich- net, welche zugleich auch auf dem Rande des Geschichtlichen selbst – am gehörigen Orte bemerkt sind.

§ 9.   6.) Fände sich es, daß diese ganze familien-
geschichtliche Einrichtung einer weiteren

Aufmerksamkeit gewürdiget zu werden

verdiente: so halte ich es für durchaus

nothwendig, daß - Feuers- und anderer

Gefahren wegen zwey Exemplarien

davon an ganz verschiedenen Orten in

der Familie existieren, was ja leicht

durch allmählige gelegentliche Ab-

schreibungen bewirkt werden kann.

Ebenso müßten auch von den Beylagen

(Artikel 5.) treue Copien gemacht

und neben der Abschrift des Familien-

geschichtbuches in einer besondern Kap-

sel aufbewahrt werden.

§ 10.   7.) Jedes Familienglied wird gebeten, alles

Merkwürdige und für die Familien Chro-

nik Intressante - das sich entweder mit

6.) Fände sich ab, daß diese ganze familien= §. 9.
geschichtliche Einrichtung einer weiteren
Aufmerksamkeit gewürdiget zu werden
verdiente: so halte ich es für durchaus
nothwendig, daß — Feuers= und anderer
Gefahren wegen — zwey Exemplarien
davon an ganz verschiedenen Orten in
der Familie existiren, was ja leicht
durch allmälige gelegenheitliche Ab-
schreibungen bewirkt werden kan.
Ebenso müßten auch von den Beylagen
(artikel 5.) treue Copien gemacht
und neben der Abschrift des Familien=
Geschichtbuches in einer besondern Kap=
sel verwahrt werden.

7.) Jedes Familienglied wird gebeten, alles §. 10.
Merkwürdige und für die Familien Chro-
nik Interessante — das sich entweder mit

- 31 -

ihm und seiner Familie selbst zuträgt,
oder das es von andern Familiengliedern
oder überhaupt andern Menschen als hierher gehörig erfährt, demjenigen mit
möglichster Treue und Zuverläßigkeit
anzuzeigen, der jezt gerade mit der
Besorgung des Familiengeschichtbuches
beschäftigt ist. Denn mit dem, was
man sonst unter einer Chronik ver-
steht, hat dieses Geschichtbuch zwar das
gemein, daß die Erzählungen darin
ohne genaue systematische Ordnung an
einander angereiht und kunst-u. zwang-
los vorgetragen seyen dürfen; es ist
aber auf der andern Seite dadurch
ganz bestimmt von einer Chronik unter-
schieden, daß es durchaus keine Data
aufnehmen darf, die nicht ganz ächt und
wahr und zuverläßig sind.

ihm und seiner Familie selbst zuträgt,
oder das es von andren Familien Gliedern
oder überhaupt andren Menschen als ihnen
ihr gehörig enthält, demjenigen mit
möglichster Treue und Zuverlässigkeit
anzuzeigen, der jetzt gerade mit der
Besorgung des Familien Geschichtbuches
beschäftigt ist. Denn mit dem, was
man sonst unter einer Chronik ver-
steht, hat dieses Geschichtbuch zwar das
gemein, daß die Erzählungen darin
ohne gewisse systematische Ordnung an
einander gereiht und ohne bestimmten Zwang
los vorgetragen sind, denen dürfen; läßt
aber auf der andren Seite dadurch
ganz bestimmt von einer Chronik unter-
scheiden, daß es durchaus keine Data
aufnehmen darf, die nicht ganz ächt und
wahr und zuverlässig sind.

§ 11.　8.) Weitere Bestimmungen der inneren Einrichtung halte ich vor der Hand nicht
für nöthig hierher zu sezen. Ich trage
aber darauf an, daß, um Familien-
sinn und Familiengemeingeist, der mir
so etwas Edles, Theures u. dennoch immer
seltener Werdendes zu seyn scheint,
immer lebendig und warm in unserer
Familie zu erhalten, - daß künftig
alle Jahre an irgendeinem zuvor bestimmten Tage, der für die meisten
Mitglieder am wenigsten genirend ist,
eine allgemeine Familien-Zusammenkunft
gehalten werde. An diesem Familien-
Festtage (der entweder für denjenigen,
bey welchem man zusammenkommt, durch
etwaige Beyträge der übrigen so wenig
als möglich beschwerlich gemacht oder auch,

8.) Weitere bestimmungen der innern Einrichtung halte ich vor der Hand nicht
für nöthig hierher zu sezen. Ich trage
aber darauf an, daß, um Familien=
Sinn und Familiengemeingeist, der mir
so etwas edles, theures u. dennoch immer
seltener werdendes zu seyn scheint,
immer lebendig und warm in unserer
Familie zu erhalten, — daß künftig
alle Jahre an irgendeinem zuvor bestimmten Tage, der für die meisten
Mitglieder am wenigsten genirend ist,
eine allgemeine Familien=Zusammenkunft
gehalten werde. An diesem Familien=
Festtage (der entweder für denjenigen,
bey welchem man zusammenkömt, durch
etwaige beyträge der übrigen so wenig
als möglich beschwerlich gemacht oder auch,

§. 11.

wenn die Familie zu groß und zu weit

von einander entfernt wäre, in

einem möglichst im Centro liegenden

Gasthofe in einem isolierten Saale

gefeyert werden könnte) trage

dann jedes Mitglied seine weitern

Bestimmungen, die ihm inzwischen über

die Einrichtung und Besorgung des

Familiengeschichtbuches beygefallen sind,

vor; das Vorgetragene werde von allen

geprüft und was dann auf diese Art

von den Meisten angenommen wird und

die meisten vernünftigen Gründe

für sich hat, werde als bleibender

Artikel in das Fmilienbuch von dem

Besorger desselben eingetragen. Das

beste wird seyn, weil doch alles frag-

mentarisch ist, wenn alles jeder Artikel,

wenn die Familie zu groß und zu weit
von einander entfernt wären, in
einem möglichst im Centro liegenden
Gasthofe in einem isolirten Saale
gehalten werden könnte, tragen
dem jedes Mitglied seine weiteren
bestimmungen, die ihm inzwischen über
die einrichtung und besorgung des
Familiengeschichtbuches beygefallen sind,
vor; das Vorgetragene werde von allen
geprüft und was dann auf diese Art
von den Meisten angenommen wird und
die meisten vernünftigen Gründe
für sich hat, werde als bleibender
Artikel in das Familienbuch von dem
besorger desselben eingetragen. Das
beste wird seyn, weil das alles frag-
mentarisch ist, wenn alles, jeder Artikel,

jeder Abschnitt, jeder Absatz, jede besondere

Erzählung in einzelne besondere Pa-

ragraphen abgetheilt wird, wie ich

es bereits schon von Pag. 1. an gethan

habe. - Wenn nun bey einer solchen jähr-

lichen Zusammenkunft irgendein Mit-

glied auch sonst noch etwas für die Fa-

miliengeschicht selbst oder deren Be-

sorgung und Fortsezung Intressantes

und der Aufzeichnung Würdiges weiß

oder erfahren hat, - es trage es vor

oder gebe es schriftlich und es soll dem

Corpus historia familiaris ein-

verleibt werden.

Geschrieben

Neuenbürg. d. 24. Jan. 1812

M. Karl Eberhard August Ludwig,

gegenwärtig Präzeptor in Neuenbürg.

jeder Abschnitt, jeder Absaz, jede besondre
Erzählung in einzelnen besondere Pa-
ragraphen abgetheilt wird, wie ich
es bereits schon von pag. 1. an gethan
habe. — War nun bey einer solchen jähr-
lichen Zusammenkunft irgend ein Mitglied auf sonst noch etwas für die Familiengeschichte selbst oder deren besorgung und Fortsezung Interessantes
und der Aufzeichnung würdiges weiß
oder erfahren hat, — es trage es vor
oder gebe es schriftlich und es soll dem
Corpus historiæ familiaris ein-
verleibt werden

Geschrieben
Naumburg. d. 24. Jan.
1812.

M. Karl Eberhard.
August Ludwig,
gegenwärtig Præzeptor
in Naumburg.

Kl. Sachsenheim d. 16. März 1812

Ich entspreche dem vorangeschickten Verlangen meines

lieben Sohnes mit desto größerem Vergnügen, als ich eine

Familiengeschichte für jedes Mitglied und für jeden

Nachkommen derselben unterhaltend und nützlich finde.

Ich gebe dafür zu Begründung einer solchen Familien

Geschichte, was ich Theils aus dem Munde, Theils aus

den Schriften meiner Eltern und Voreltern weiß,

und beginne mit dem ältesten mir bekannten Ludwig.

Dieser ware:

Nicolaus Ludwig Gerichtsschreiber bey dem Herrn von Zedwiz zu Asch im Vogtland. Ware ver-heurathet an Frau Sabina Anna Katharina, gebohrene Dreßlin.
1. Nota

1.ster bekannter Stammvater

1. Von diesem ersten mir bekannten Stammvater weiß ich nichts

Kl: Bassenheim d. 16. März 1812.

Ich entsprechе dem vorausgeschickten Verlangen meines
lieben Sohnes mit desto größerem Vergnügen, als ich eine
Familien Geschichte für jedes Mitglied und für jeden
Nachkommen derselben unterhaltend und nützlich finde.
Ich gebe daher zu Begründung einer solchen Familien
Geschichte, was ich theils aus dem Munde, theils aus
den Schriften meiner Eltern und Voreltern weiß,
und beginne mit dem ältesten mir bekannten Ludwig.

Dieser waren:

Nicolaus Ludwig.
Zwischeschreiber bey dem
Herrn von Zedwiz zu Aß
im Vogtland. Waren ver-
heurathet an Frau Sabina
Anna Catharina, geborne
Drößlin.

1. Nota.

1. der bekannte Stammvater.

1. Von diesem rechten mir bekannten Stammvater weiß ich nicht

beizusetzen, als die Vermuthung meines seel. Vaters: daß

ein gewißer M. Michael Ludwig aus Coburg, (von welchem

in der Beschreibung aller evangelischen Prediger des Fürsten-

thums Koburg P. II. p. 712 - 16 Nachricht ertheilt ist,) ein

Oncle des bemerckten Stamm Vaters gewesen seyn möchte.

Dieser war zuerst General-Feld-Superintendent unter den

berühmten Feld Marechallen Torsten Sohn u. Carl Gustav Wran-

gel. Wurde von letzterem Selbst, da er sich in Ulm mit einer

Tochter eines Herrn Conrad Dieterichs verheurathete, in die

Kirche geführt; Anno 1652 von der schwedischen Königin

Christine zum Consistoral Rath in Stade; a. 1669 aber

von dem König Karl zum Kirchen Rath der Stadt u. Herr-

schaft Wißmar bestellet.

Er war gebohren in Koburg d. 3. Jan. 1602. (näml. Nicolaus L.)

Starb d. 18. May 1680.

hinzuzusetzen, als die Innmerckung meines seel: Vaters: daß
ein gewißer M. Michael Ludwig aus Coburg, (von welchem
in der beschreibung aller evangelischen Prediger des Fürsten-
thums Coburg L. II. p. 712 – 16 Nachricht ertheilt ist,) ein
Onkle des vorerwehnten Mann Vaters gewesen seyn möchte.
Dießer war zunest general-Feld-Superintendent unter dem
berühmten Feld Marechallen Forsten u. Carl Gustav Wran-
gel. Würde von Letzterem Selbst, Da er sich in Ulm mit einer
Tochter eines Hrn Conrad Dieterichs verheurathete, in die
Kirche geführt; Año 1652 von der Schwedischen Königin
Christina zum Consistorial Rath in Staden; a. 1669 aber
von dem König Karl zum Kirchen Rath der Stadt u. Herr-
schaft Mißmar bestellet.
Er war gebohren in Coburg d. 3. Jan: 1602. (nämlich nicolaus L.)
Starb d. 18. Mayj. 1680.

II. Bekannte, in Württemberg angesessene Stamm Eltern:

Georg
Sebastian Ludwig
J. u. L.-Praeceptor und
Rector Musices in Nürtin-
gen. Verheurathet an Justine Christine, nata
Haasin, aus Dursten
im Köllnischen gebür-
tig. - Nota. II.III.

Dieser 2te Stamm Vater ist zu Asch im Vogtländischen d. 10.

Octobr. 1639 gebohren. Er wurde frühzeitig den Studien

gewidmet, und zu dem Ende in seinem zehenden Lebens Jahr

auf das Gymnasium in Regensburg gesandt. In der

Folge der Zeit begab er sich A. 1655 auf die Universität

Wittenberg, um daselbst die Philosophie zu studieren.

Anno 1658 verließ er diese Academie, und besuchte Jena.

Das Benehmen der älteren Studenten an diesem Ort

gegen die Neuangekommenen gefiel ihm aber so wenig,

georg
Sebastian Ludwig,
J.u.d. Praeceptor und
Rector Musices in Nürtin=
gen. ...schwalhal an Jus=
in Christinn, nata
Haasin, aus ...
im Köllnischen gebür=
tig. — Nota. II. III.

Dieser 2te Namen Vater ist zu Asch im Vogtländischen d. 10. Octobr. 1639 geboren. Er wurde frühzeitig Inn Studien gewidmet, und zu dem Ende in seinem Zehnden Lebens Jahr auf das Gymnasium in Regensburg gesandt. In der folge der Zeit begab er sich A. 1655 auf die Universität Wittenberg, um daselbst die Philosophie zu studieren. Anno 1658 verließ er diese Academie, und besuchte Jena. Das Betnehmen der ältern Studenten an diesem Ort gegen die Neuangekommenen gefiel ihm aber so wenig, daß er sich nach Verfluß eines Viertel Jahres wieder von da hinweg

und nach Leipzig begabe, woselbst er sich bei fortgesetztem Studio

der Philosophie besonders auf Geschichte, Musik u. Heraldik legte.

Anno 1663 besuchte er die damals sehr berühmte Universi-

tät Straßburg, und legte sich mit Bestimmung auf die Jurisprudenz.

Er vertheidigte dasselbst a. 1666 als Auctor eine Disputation

de differeniis primariis actionum realium et personalium etc.

Während seines Aufenthalts in Straßburg gewann er sich

einen sehr vertrauten Freund in der Person eines Herrn

Pichlers von Eßlingen, der in der Folge Oberschreiber daselbst

wurde. Dieser Busen Freund lud ihn einst in den Herbst Ferien

zu sich in die Weinlese, und brachte ihn eines Tages unter

dem Vorwand einer Spatzierfart nach Nürtingen, woselbst

schon alles darauf angelegt war, ihme die Stelle eines

Praeceptoris II. Class und Rectoris Musici anzutragen,

welche er um so geneigter annahme, als ihm nicht nur Be-

soldungs Zulage zugesichert wurde, sondern er auch in der

daß er sich nach Verfluß eines Vierthel Jahres wieder von da hinweg und nach Leipzig begabe, woselbst er sich dem fortgesetzten Studio der Philosophie besonders auf Geschichte, Music u. Moral Ph. legte. Anno 1663 besuchte er die damals sehr berühmte Universität Straßburg, und legte sich mit Bestimmung auf die Jurisprudenz. Er vertheidigte daselbst a. 1666 als Auctor eine Disputation de differentiis primariis actionum realium et personalium etc. Während seines Aufenthalts in Straßburg gewann er sich einen sehr vertrauten Freund in der Person eines Hrn Gießlers von Eßlingen, der in der Folge Oberschreiber daselbst wurde. Dieser liebe Freund lud ihn nun in den Herbst Ferien zu sich in die Weinlese, und brachte ihn eines Tages unter dem Vorwand einer Spazier Fahrt, nach Nürdlingen, woselbst schon alles darauf angelegt waren, ihm die Stelle eines Praeceptoris II. Claß und Rectoris Music: anzutragen, welche er um so geneigter annahm, als ihm nicht nur die Besoldungs Zulage zugesichert wurde, sondern er auch in der

Nähe seines Busen Freundes bleiben konnte.

Er bekame in der Folge mehrere Vocationen. Der ritterschaftl.

Syndicus Kämpfer berief ihn z. B. unter sehr vorheilhaften

Anerbietung nach Straßburg zurück. Einmal wurde ihm eine

Stelle an dem Gymnasium in Stuttgart, das andere Mal die

Stelle eines Hoforganisten daselbst angetragen, allein er

wollte sein liebes Nürtingen nicht verlassen, weil es sich

daselbst geliebt u. geachtet fühlte.

Seine ehliche Verbindung hat gewißer Masen etwas Roman-

haftes. Er ginge nämlich bey Herrn Gastgeber zum Ochsen, Jost

Fenderich, in die Kost, bei welchem sich damals eine Anver-

wandtin aufhielte, die das Hauswesen besorgte. Es traf sich,

daß er duch eine schwehre Krankheit niedergelegt wurde,

und er fand in diesem Bäsgen, ob sie gleich der katholischen

Religion zugethan ware, die sanfteste u. liebevollste Kranken-

wärterin. Das verdiente doch gewiß Belohnung! u. Er gab

sie ihr mit seiner Hand u. Herz, und sie ihm durch gleiches u. durch

Näher seiner lieben Freundes bleiben wollen.

Er bekam in der Folge mehrere Vocationen. Der wittenberg...
Syndicus Räuscher berief ihn 3. 6. unter sehr vortheilhaften
Anerbietung nach Straßburg zurück. Einmal wurde ihm eine
Stelle an dem Gymnasium in Stuttgart, das andere Mal die
Stelle eines Hoforganisten daselbst angetragen, allein er
wollte sein liebes Nördlingen nicht verlassen, weil er sich
daselbst geliebt u. geachtet fühlte.

Seine eheliche Verbindung hat gewisser Maßen etwas Roman-
haftes. Er gieng nämlich bey Hrn. Gastgeber zum Ochsen, Joh.
Ludwig, in die Kost, bei welchen sich damals eine Anver-
wandtin aufhielte, die das Haus versorgte. Es traf sich,
daß er durch eine schwere Krankheit niedergelegt wurde,
und er fand in diesem ... , ob sie gleich der katholischen
Religion zugethan waren, die sanfte u. liebevollste Kranken-
Wärterin. Das verdiente doch gewiß Belohnung! u. er gab
sie ihr mit seiner Hand u. Herz, und sie ihm durch gleiches u. durch

Übergang zur evangelischen Religion. Sie wurden auf

hochfürstliche Erlaubniß a 1673 zu Oberensingen ehl. ver-

bunden, lebten 25 Jahre in dieser Ehe unter erwünschter

Zufriedenheit, und zeugten 2. Söhne, von welchen der Erstge-

bohren nur 1/2 Jahr lebte. Der andere aber wird in der Geschich-

te vorkommen. Dieser 2te Stamm Vater starb in seinem

60sten Lebens Jahr anno 1699.

N. II.   Seine Ehgattin, Justine Christine, wurde gebohren d. 18 Febr.

a. 1641. Ihre Eltern waren: Johannes Haas, Beck u. Brauer

zu Dursten im Kurfürstenthum Kölln, die Mutter: Anna,

geb. Fendrich. Sie wurde in den vorzüglichen weiblichen

Kenntnißen unterrichtet, welche ihre auch in der Folge nach

dem Tod ihrer Eltern den Weg bahnten, als Kammer Jungfer

bei Herrn v. Strahlenheims, Landhofmeisters an dem Churfürstl.

Köllnischen Hof, Frau Gemahlin angestellt zu werden.

Kaum aber ware Sie 1/2 Jahr an dieser Stelle, als Ihr

Übergang zur evangelischen Religion. Sie wurden auf hochfürstliche Erlaubniß a 1673 zu Oberesingen ꝛc: ver: bunden; erlebten 25 Jahr in dieser Ehe unter newünschter Zufriedenheit, und zeugten 2. Söhnen, von welchen der erstge: bohrne nur ½ Jahr erlebte, der andern aber wird in der Geschich: te vorkommen. Dieser 2te Brauer Vater starb in seinem 60ten Lebens Jahr año 1699.

Seine Ehegattin, Justine Christine, wurde gebohren d: 18 Febr: a. 1641. Ihre Eltern waren: Johanns Haab, Erb ꝛc: Brauer zu Düßren im Kurfürstenthum Kölln, die Mutter: Anna geb. Frauderich. Sie wurde in den vorzüglichsten weiblichen Kenntnissen unterrichtet, welche ihr auch in der Folge nach dem Tod ihrer Eltern den Weg bahnten, als Kammer Jüngfer bei Her v. Strahlenheims, Landhofmeisters an dem Churfürstl. Köllnischen Hof, Frau Gemahlin angestellt zu werden. Kaum aber waren sie ½ Jahr an dieser Stelle, als ihr

Oncle, Jost Fendrich, damaliger Rittmeister bei der Württember-

gischen Landes Defension u. Gastgeber zum Ochsen in Nürtingen sein

Heimwesen besuchte u. sie mit sich nach Nürtingen

nahme. Daselbst entspann sich in der Folge die schon bemerkte

Heuraths Geschichte.

N. III.   Noch ist zu bemercken, daß die Ludwigische Familie durch diese

Urgroßmutter in Verbindung mit der v. Wiederholdischen Familie

kame, welche ihro das Recht an das Wiederholdische Stipendium

in Kirchheim gabe. Mein seel. Vater genoß dieses Stipendium

gantz. Ich erhielte nicht mehr als 100 f. u. meine 2 studie-

rende Söhne wurden unter dem Vorwand ausgeschlossen:

daß das Testament des Stifters solches nur Bürgers

Söhne, oder wenn etwa ein Wiederhold daseyn sollte, bestimme.

Nun seyen meine Söhne weder das eine noch das andere, und

der Bürger Söhne so viel, daß auch diese hinausgezielt wer-

den müßten. Lezteres ist ganz gegründet, weil selbst Vornehmere

des Landes sich geschwind zu Bürgern einkauften, u. nach dem

Oncle, Jost Hendrich, damaliger Rittmeister bei der Würthembergischen Landes Defension u: Gastgeber zum Ochsen in Nürtingen sein Heimwesen in Nürtingen besuchte u: sie mit sich nach Nürtingen nahm. Daselbst entstand sich in der Folge die schon benannten Heüraths Geschichten.

Noch ist zu bemerken, daß die Lüdischen Familie durch diese Urgroßmutter in Verbindung mit der v: Wiederhold:schen Familie kam, welche ihro das Recht an das Wiederholdisch Stipendium in diesseinen gaben. Mein seel: Vater genoß dieses Stipendium ganz. Ich erhalte nicht mehr als 100 f. u: meinen 2 Studierenden Söhnen wurden unter dem Vorwand ausgeschlossen:

= daß das Testament des Stifters solches nur bürgers
= Söhnen, oder wann etwa ein Winderhold da seyn sollte, bestimme.

N. III.

Nun seyen meine Söhnen weder das eine noch das andere, und der bürger Söhnen so viel, daß auch diese hinauf gezielt werden müssten. Letzteres ist ganz gegründet, weil selbst Vornehmer des Landes sich geschwind zu bürgern einkauften, u: nach den

Genuß des Stipendii diß Recht wieder hingaben. Vielleicht kommen einst günstigere Zeiten, des wegen setze ich das Schema genealogicum bei.

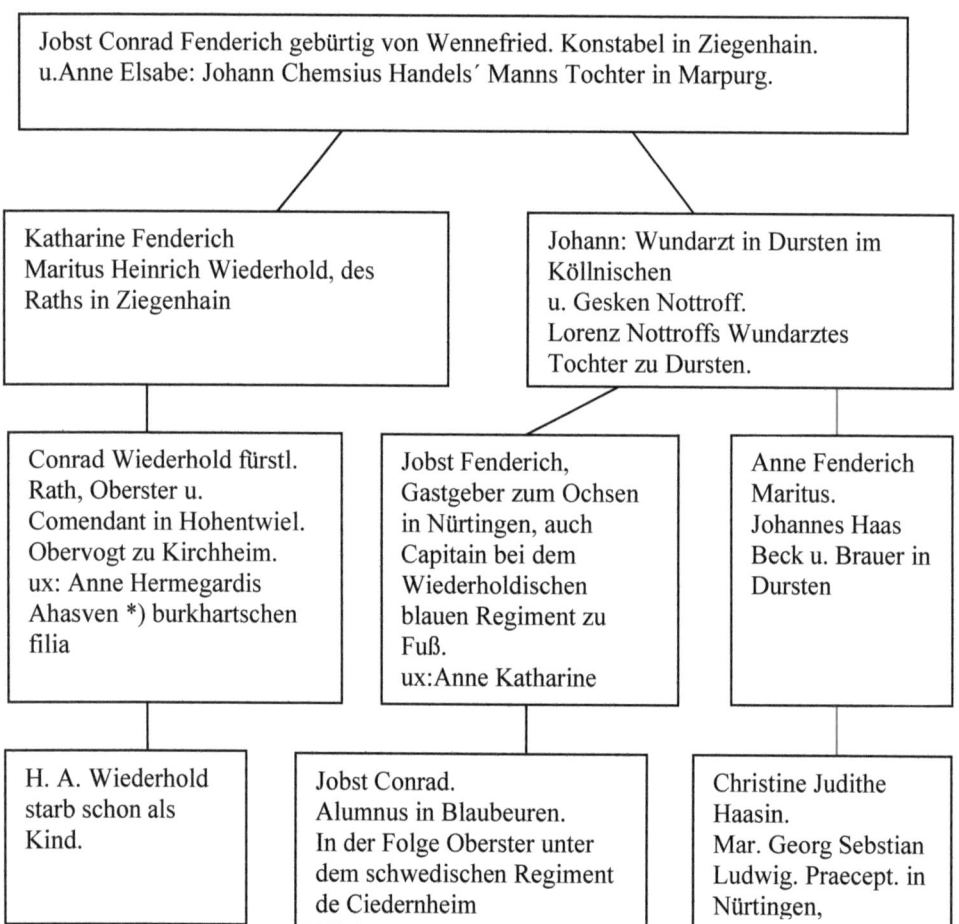

Jobst Conrad Fenderich gebürtig von Wennefried. Konstabel in Ziegenhain. u.Anne Elsabe: Johann Chemsius Handels´ Manns Tochter in Marpurg.

Katharine Fenderich
Maritus Heinrich Wiederhold, des Raths in Ziegenhain

Johann: Wundarzt in Dursten im Köllnischen
u. Gesken Nottroff.
Lorenz Nottroffs Wundarztes Tochter zu Dursten.

Conrad Wiederhold fürstl. Rath, Oberster u. Comendant in Hohentwiel. Obervogt zu Kirchheim. ux: Anne Hermegardis Ahasven *) burkhartschen filia

Jobst Fenderich, Gastgeber zum Ochsen in Nürtingen, auch Capitain bei dem Wiederholdischen blauen Regiment zu Fuß. ux:Anne Katharine

Anne Fenderich Maritus. Johannes Haas Beck u. Brauer in Dursten

H. A. Wiederhold starb schon als Kind.

Jobst Conrad. Alumnus in Blaubeuren. In der Folge Oberster unter dem schwedischen Regiment de Ciedernheim

Christine Judithe Haasin. Mar. Georg Sebstian Ludwig. Praecept. in Nürtingen,

*) Dieser Burckhartsch ware Commendant auf der Hollstein-Gottorpischen Insul Heilgoland.

Genuß das Stipendii diß Recht wieder hingeben. Vielleicht

können nicht günstigern Zeiten, Deßwegen setze ich das Schema

Genealogicum bei.

* Dießer Burckhartwan Comendant auf der Hollstein-Gottorgischen Insul
Heilgeland.

III

> Georg Christoph Ludwig
> Pfarrer in Rothenacker und Linsenhofen.
> uxor
> Marie Dorothee Glückin.
> Herrn Pfarrer, M.Johann
> Jakob Glück's in Geißbeuren
> Filia. N. 4.5.6

Dieser 3te Stammvater wurde in Nürtingen geboren d. 25. März 1681. Von seinen jüngeren Jahren ist mir nichts näheres bekannt. Er wurde sehr frühzeitig auf die Pfarrei Rothenacker befördert, woselbst er in ehliche Verbindung trate mit Jungfer Marie Dorothee, Herrn Johann Jakob Glücken, damaligen Pfarrers in Gaißbeuren ehl. led. Tochter. Er zeugte während dieser Ehe 3 Kinder - (ob mehrere gezeugt worden, ist mir unbekannt)* nämlich

I

> Johann Jacob.
> kommt als IV. Stammvater vor.

II

> Marie Dorothee.
> Maritus N. N. Schoell. Chirurgus zu Kirchheim an der Teck. Nro 4.

III

> Georg Christoph
> starb im 21. Lebens Jahr als Substitut in Neuffen

*Zu Linsenhofen wurden ihm noch geboren:
1. Sebasth. Christoph geb. de. 14 Jul. 1711.
2. Georg Friedrich, geb. d. 6 Jul. 1713.
3. Regine Dorothee, geb. d. 5. Jan. 1716.
4. Johann Friedrich, geb. d. 10 Apr. 1720.
5. Carl Christian, geb. d. 28 Jan. 1722.

III

georg
Christoph Ludwig.
Pfarrer in Roßnacker
und linsen hofen.
uxor
Maria Dorothea Glückin.
Hrn Pfarrer, M. Johann Jacob
Glück... in Gaißbrunnen
filia.
N: 4. 5. 6.

Dieser 3te Nam: Palm wurde in Nürtingen gebohren d. 25. März 1681.

Von seinen jüngeren Jahren ist mir nichts näheres bekant.

Er wurde sehr frühzeitig auf die Pfarrei Roßnacker befördert, woselbst er in eheliche Verbindung trat mit Jungfer Maria Dorothea,
Hrn Johann Jacob Glücken, damaligen Pfarrers in Gaißbrunnen eh-
lind: Tochter. Er zeugte während dieser Ehe 3 Kinder — (ob
mehrere gezeugt worden, ist mir unbekant.) nemlich

I.

Johann Jacob.
kömt als IV. Nam.
Palm vor.

II.

Maria Doro-
thea.
Maritus
N. N. Schoell, Chirur-
gus zu kirchheim
an der Teck.
Nro 4.

III.

georg Chri:
stoph
starb im 21. Lebens:
Jahr als Substi:
tut in Nürtl.

#) Zu linsen hofen sind
diesem noch gebor:
1. Sebast. Christoph, geb.
d. 14. Febr. 1711.

2. Georg Friedrich, geb.
d. 6 Febr. 1713.

3. Regina Dorothea, geb.
d. 5 Jan. 1716.

4. Johan Friedrich, geb.
d. 10 Aug. 1720.

5. Earl Christian, geb.
d. 28 Jan. 1722.

- 57 -

Not. 4 Diese einzige Tochter, Marie Dorothee, verheurathete sich nicht mit

gäntzlicher Beistimmung ihrer Eltern. Ihr Ehmann, besagter

Schoell, der dem Trunck' sehr ergeben gewesen seyn solle, verließ

auch in der Folge des ehl. Lebens sie und ihre Kinder böslich,

und man hörte inzwischen nichts mehr von ihm. Ein schon Erwach-

sener u. sich in die Fremde begebener Sohn ist verschollen.

Einer Tochter aber, namens Regine, blieb keine andere Wahl, als

sich an einen Saiffensieder in Kirchheim, Johann Georg Kantstätter

zu verheurathen, mit welchem sie mehrere Kinder zeugte, von

deren Schicksal aber ich nichts weiteres erfahren. Diese Regine

Kantstätter starb in mittleren Jahren bei sehr herabgesunckenem

Vermögen in Kirchheim.

Während des Aufenthalts dieses meines Großvaters in Rothenacker

ereignete sich daselbst d. 15. Febr. 1709 der traurige Fall, daß,

da die Donaubrücke von dem Eisgang sehr bedroht ware, und

der größere Theil der Bürgerschaft zu Hülfe eilte, 3 Joche

Not. 4. | Diese einzige Tochter, Maria Dorothea, verheirathete sich nicht mit gänzlicher Bestimmung ihrer Eltern. Ihr Ehmann, besagter Schoell, der ihm besucht sehr ergeben gewesen seyn solle, verließ auch in der Folge das elt. Lebend; sie und ihre Kinder kläglich, und man hörte in zwischen nichts mehr von ihm. Sie soll so weit sauer u. sich in die Fremde begebener Sohn ist verschollen. Ihre Tochter aber, namens Regina, blieb keine andere Wahl, als sich an einen Baistenfinder in Kirchheim, Johann Georg Rauchstätter, zu verheirathen, mit welchem sie mehrere Kinder zeugte, von deren Schicksal aber ich nichts weiteres erfahren. Diese Regina Rauchstätter starb in mittleren Jahren bei sehr herabgekommenem Vermögen in Kirchheim. |

Während des Aufenthalts dieses unseres Groß Vaters in Roßwaelden ereignete sich daselbst d. 15. Febr. 1709 der traurige Fall, daß, da die Donaubrücke von dem Eisgang sehr bedroht waren, und der größere Theil der Bürgerschaft zu Hülfe eilte, 3 Jahr auf einmal brachen u. 40 Personen eine Beute der reissenden

Wellen u. Eismassen wurden. 16 wurden mit vieler Mühe u.

Gefahr gerettet, 24 aber fanden in der Donau ihren Tod.

Mein Großvater gabe die Geschichte u. mehrere Leichpredigten hierüber

im Druck heraus.

Meine Gr. Mutter, welche dem Unglück zusahe, ware dazumal hoch-

schwanger mit meinem seel. Vater, und dieser sonst so furchtlose

Mann konnte in der Folge seines Leben keine Brücke, viel weniger

einen Steeg ohne die größte Bangigkeit passiren.

Sechs Jahre dauerte der Aufenthalt dieser Gr. Eltern in Rothen-

acker, als sie durch Beförderung nach Linsenhofen, Neuffener

Amts, versetzt wurden. Hier aber lebten sie 35 Jahre in Frieden

und unter göttlicher Seegnungen. Nach 41. jähriger Amts Führung

starb mein Gr. Vater d. 5. Jul. 1740. Meine Gr. Mutter aber

d. 28 Febr. 1746. Beide liegen in Linsenhofen begraben.

Sanft ruhe ihre Asche.

Zwei Anectoden von diesem biedern Manne kann ich nicht umhin,

auf einmal brachen u: 40 Personen eine brach Ins weißenden
Wellen u: so machten würden. 16 würden mit vieler Mühe u:
Gefahr gerettet, 24 aber fanden in der Donau ihren Tod.
Mein Gr: Vater gab die Geschichte u: mehreren Leichzerdichten hinüber
im Druck heraus.

Meine Gr: Mutter, welche Im Unglück zusehen, waren dazumal hoch-
schwanger mit meinem Herrl Vater, und dieser sonst so fürchtlose
Mann konnte in der Folge seines Lebens keine brücken, viel weniger
eine Stieg ohne die größte Bangigkeit passiren.
Sechs Jahre dauerte der Aufenthalt Dieser Gr: Eltern in Rossen-
acker, als sie durch Beförderung nach Lienzenhofen, Nachtinen er
Amts, versetzt würden. Hier aber lebten Sie 35 Jahre, im Frieden
und unter göttl Vergnügen. Nach 41. jähriger Amts führung
starb mein Gr: Vater d. 5 Jul. 1740. Meine Gr: Mutter aber
d. 28. Febr. 1746. Beide liegen in Lienzenhofen begraben.
Sanft ruhe ihre Asche.
Zwei Anecdoten von diesem Biedern Mann kann ich nicht umhin,

beizusetzen.

a) Einst besuchte ein Bürgers Sohn aus Linsenhofen, der das erste mal
im Urlaub kame seine Predigt. Da diese dem jungen Krieger zu
lang schiene so rief er ohne weiteres: Nun ists einmal genug,
Pfarrer! Um derlei Inkonvenienzen vorzubeugen, berichtete mein
Großvater diesen Vorgang an das Regiment in Nürtingen.
General von Schönfeld beorderte so gleich einen Unter Officier mit
dem Auftrag: diesem unberuffenen Sprecher so viele Streiche ad
Posteriora zu geben, bis der Pfarrer auch sage: Nun ists genug.
Er erhielte 1. Streich, u. war in der Folge der dienstfertigste
Mann für das Pfarrhaus.

b) Er hatte eine große Vorliebe - vom Vater her wahrscheinlich geerbet -
für Gesang u. Musik, und da seine Söhne das elterl. Haus schon
verlassen hatten, so wählte er zum Unterricht darinnen das Söhnlein
eines armen Weingärtners im Ort, namens Freusinger, welches
er so weit bildete, daß es in der Folge einer der vorzüglichsten
deutschen Schullehrer seiner Zeit wurde. Auch gegenwärtig,
da sehr viel von einem deutschen Schullehrer gefordert wird,
kenne ich zwey dieses Namens, welche excelliren.
Wie viele gute Gaben bleiben unterdrückt, wenn sie nicht geweckt werden!

hinzusetzen.

a) Einst besuchte ein Bürgers Sohn aus Linsenhofen, der das erste mal in Urlaub kam, seinen Freund. Da diesem den jungen Krieger zu lang spannen, so rief er oft weinend: Nun ist's nunmal genug, Pfarrer! Um deine Inkonvenienzen vorzubeugen, berichtet mein Großvater diesen Vorgang an das Regiment in Nürtingen. General von Schönfeld beorderte sogleich einen Unter Officier mit dem Auftrag: diesem unberichteten Bursche so viele Streiche ad Posteriora zu geben, bis der Pfarrer auch sage: Nun ist's genug. Er erhielt 1. Streich, u. war in der Folge der Dienst freudigste Mann für das Pfarrhaus.

b) Er hatte eine große Vorliebe — vom Vater her wahrscheinlich geerbt — für Gesang u. Musik, und da seine Söhne das elterliche Haus schon verlassen hatten, so wählte er zum Unterricht darinn das Söhnlein eines armen Weingärtners im Ort, Namens Frühauf, welchen er so weit bildete, daß es in der Folge einer der vorzüglichsten deutschen Schullehrer seiner Zeit würde. Auch gegenwärtig, da so sehr viel von einem deutschen Schullehrer gefordert wird, kenne ich zwey dieses Namens, welche excelliren. Wie viel gute Gaben bleiben unentwickelt, wenn sie nicht geweckt werden!

Die Eltern dieser Anno 1746 in die Ewigkeit eingegangenen Groß

Mutter waren, wie schon bemerckt ist: Herrn Pfarrer M. Johann Jacob

Glück in Gaißbeuren, u. dessen Ehgattin, Marie Dorothee, eine

gebohrere Dreherin. Von welchen ich folgende Bemerckungen

beisetze:

Not. 5. Von der Glückischen Familie ist das Wappen hergenommen, mit

welchem ich gewöhnlich sigillire. Die Erlaubnis, es zu führen u.

das Adels Diplom wurde einem Kayßerlichen Oberst von Glück,

wegen seiner Verdienste, von dem Kayser ertheilt. Ich sahe das Diplom

selbst bei der Witwe eines Groß Oncles, des Handelsmann

Glücken in Urach. Es ist nun wahrscheinlich in den Händen des

Königl. Württembergischen Kammeralverwalters, Felleisen.

Not. 6. Die Frau Urgroß Mutter - Marie Dorothee - ist d. 15 Febr. 1658

gebohren. Ihr Herr Vater, M. Johann Ludwig Dreher, ware damals

Stifts Diacones in Stuttgart und in der Folge von 1689 - 1694

Praelat in dem ehmals größtem und schönstem Kloster Hirsau, zu-

gleich der hochlöbliche Württembergischen Landschaft Assessor.

Die Eltern dieser Ano 1746 in die Ewigkeit eingegangenen Groß-
Mutter waren, wie schon bemerkt ist: Hr Pfarrer M. Johann Jacob
Glück in Gaißburen, u: dessen Ehgattin, Maria Dorothea, eine
gebohrne Dörtzer. Von welchen ich folgende Bemerkungen
beisetze.

Von der Glückischen Familie ist das Wappen hergenommen, mit   Not: 5.
welchem ich gewöhnlich sigillire. Die Erlaubniß, es zu führen u:
das Adels Diplom wurde einem kaiserlichen Obrist von Glück,
wegen seiner Verdienste, von dem Kaiser ertheilt. Ich sah das Diplom
selbst bei der Witwe eines groß Oncles, des Handelsmann
Glücken in Urach. Es ist nun wahrscheinlich in den Händen des
königl: Würtembergischen Kammeral und waltners, Felleisen.

Die Frau Urgroß Mutter – Maria Dorothea – ist d: 15 Febr 1658   Not: 6.
gebohren. Ihr Hr Vater, M. Johann Ludwig Dörtzer, war damals
Stifts Diaconus in Stuttgart u: in der folge von 1689 = 1694
Praelat in dem ehmals größten und schönsten Kloster Hirsau, zu:
gleich der Hochlöbl: Würtembergischen Landschaft Assessor.

Bei der damaligen Invasion der Franzosen wurde er mit

noch 1. Praelat u. 2 Regierungs Räthen als Geisel nach Franck-

reich abgeführt. In seiner Abwesenheit wurde anno 1692 sein

schönes Kloster nebst der Stadt Calw von dem Feind in Aschen-

Hauffen gelegt. Er schrieb einige Mal, wo fürstliche Parole

bliebe, daß sie nicht ausgewechselt würden? Allein die Zeiten

waren zu hart, das Geld konnte nicht aufgetrieben werden,

und so starb er in seiner Gefangenschaft zu Metz und wurde

in einer weissen unangestrichenen Bahre ohne Gesang u.

Klang auf dem Wall daselbst begraben.

Nach der Behauptung meines seel. Vaters solle in einem Ar-

chiv die schriftliche Zusicherung liegen: daß man dieser Familie

bis auf die Nachkommen wohl thun solle. Wenigstens nahm

der große Justitiarius, Geheime Rath u. Consistorial Rath

Fromman auf dieselbe Rücksicht, da mir meine Aufnahme

in das Kloster erschwert werden wollte.

Bei der damaligen Invasion der Franzosen wurde er mit
noch 1. Prælat u. 2 Regierungs Räthen als Geisel nach Frank:
reich abgeführt. In seiner Abwesenheit wurde Aõ 1692 sein
schönes Closter nebst der Stadt Calw von dem Feind in Aschen:
Haufen gelegt. Er schrieb einige Mal, wo fürstliche Parole
bliebe, daß sie nicht ausgewechselt würden? Allein die Zeiten
waren zu hart, das Geld konnte nicht aufgebracht werden,
und so starb er in seiner Gefangenschaft zu Metz und wurde
in einer weißen zwangstreichenen Sachen ohne Gesang u:
Klang auf dem Wall daselbst begraben.

Nach der Enthauptung unseres seel: Vaters sollen in einem Ar:
chiv die schriftliche Zusicherung liegen: daß man dieser Familie
bis auf die Nachkommen wohl thun sollen. Wenigstens nahmen
der großen Justitiarius, Geheimen Raths u: Consistorial Rath
Froman auf dieselbe Rücksicht da wir meinen Aufnahme
in das Closter verschafft werden wollte.

IV.

> M. Johann Jakob Ludwig
> Garnisonsprediger auf Asperg, Pfarrer in
> Hengen. Ehrstatt. Bartholomäe u. Reutti.
> ux.
> I. Henriette Brigitte <u>Hosch</u>
> II. Sibille Justine Andler.*
> Nota. 7. 8.
> * Stammbaum p. 66.

Dieser mein seel. Vater wurde zu Linsenhofen*, in dem Oberamt

Neuffen d. 26. May 1709 gebohren. Er erhielte eine solgfäl-

tige Erziehung von seinen lieben Eltern. Es würde mich zu weit

führen, wenn ich aus seinem mir hinterlassenen Lebenslauf

alles, was seine Schul- und Kloster Jahre betrifft, ausführli-

cher berühren wollte. Ich hebe also nur das davon aus, was

mit dem Gewöhnlichen nicht gantz übereinstimmt. Dahin rechne ich

1.) daß er von seinem 7ten bis 11ten Jahr alle Morgen die Schule

in Neuffen mit seinem Mittagbrot in der Tasche besuchte,

und abends, ohne etwas Warmes genossen zu haben, wieder

nach Linsenhofen zurückkehrte.

------

* Ist unrichtig, schon nach dem p. 29 gesagten noch mehr aber, weil der Vater seine
Versetzung von Rothenacker nach Linsenhofen, als d. 25. Jul. 1710 geschehen, selbst in
ein Linsenhofer Kirchenbuch eingetragen hat.

M: Johann
Jacob Ludwig, Gar=
nisons Prediger auf Asperg
Pfarrer in Haugen. Er hatt.
Bartholomäus u. Reutti.
I. Haus wirtin Brigitta Mosch
II. Sibilla Justina Andler.

Nota. 7. 8.
* Staubacum
p. 66.

Dieser mein lieber Sohne wurde zu Linsenhofen, in dem Oberamt

Neüfften d. 26. May 1709 gebohren. Er erhielte eine Sorg fäl=

tige Erziehung von seinen lieben Eltern. Es würde mich zu weit

führen, wenn ich auß seinem mir hinter laßenen Lebens lauf

alles, was seine Schul- und Kloster Jahre betrift, auß führli:

cher erzählen wollte. Ich hebe also nur das davon auß, was

mit dem Gewöhnlichen nicht gantz über ein stimt. Dahin rechne ich

1.) Daß er von seinem 7ten biß 11.t Jahr alle Morgen die Schul

in Neüfften mit seinem Mittag brot in der Tasche besuchte,

und abends, ohne etwas Warmes genoßen zu haben, wieder

nach Linsenhofen zurück kehrte.

#) Ist zweifflig, ihr
nach dem 10.29 Gesetzten,
vermuthe ehe, weil er
dahero sein Vorbildung
von Rothenaker nach
Linsenhofen, also d. 20.
Jul. 1710 geschehen, folglich
in ein Linsenhofer Kir-
chen Buch eingetragen
seyn dörffte. fol.

2.) daß seine Promotion 3. Jahre in Blaubeuren verweilen

mußte, weil das Stipendium in Tübingen zu angehäuft

ware. (Welch ein Abstand von unseren Zeiten! in welchen

selbst Männer von 80 Jahren sich zu gratulieren haben, wenn

sie einen perpetuierlichen Vicarius erhalten.)

3.) daß er in Bebenhausen nach einem Aufenthlat von 5

Monaten als Rector Musices nach Maulbronn beruffen

wurde, weil daselbst die Kirchen Musik durch Rejection eini-

ger Alumnorum Mangel lidte, welche aus Buberei eine

Katze tauften.

Nach dem Anno 1734 erstandenem Consistorial Examen kame

mein seel. Vater auf kurze Zeit zu seinem Vater als Vicarius,

wurde aber d. 12. Jan. 1735 als Feldprediger von da abgeruffen.

Eine Stelle, welche auf einer Seite viel unangenehmes und

in Betreff der Gesundheit gefährliches hatte, indem 2 seiner

Vorgänger, M. Gmelin u. M. Osiander schnell nacheinander

an Contagion starben, u. der dritte, M. Wollfart auf dem

Tod darnieder lage, nebenher hatte er tägl. noch

34

2. Daß seiner Promotion 3 Jahre in Blaubeuern verweilen müßte, weil das Stipendium in Tübingen zu ausgesäuft wären. (Selbst im Abstand von ruhigen Zeiten! in welchem selbst Männer von 80 Jahren sich zu gratuliren haben, wenn sie einen perpetuirlichen Vicarius erhalten.)

3. Daß er in Derendingen nach einem Aufenthalt von 5 Monaten als Rector Musices nach Maulbronn berufen würde, weil daselbst die Kirchen Music durch Rejection einiger Alumnorum Mangel litten, welche aus Tübingen einer Katze lachten.

Nach dem Año 1734 bestandenen Consistorial Examen kann seine seel: Vater auf kurze Zeit zu seinem Vater als Vicarius, Würde aber d: 12. Jan: 1735 als Feldprediger von da abgewiesen seine Stellung welche auf einer Seite sehr unangenehm und in betracht der Gesundheit gefährliches hatte, indem 2. seiner Vorgänger, M. Gmelin u: M. Osiander schnell nach einander an Contagion starben, 2. der dritte, M. Wolfart auf dem Tod darnieder lagen, ~~auf~~ neben der hatte er täg: noch

Kranken in den Lazarethen zu Sinzheim u. Wiesloch zu besu-

chen; aber auf der andern Seite erinnerte er sich auch mit Dank

u. Freude, daß ihn Gott den gantzen Feldzug über gesund er-

hielte, und ihn in Bekanntschaft von vielen würdigen Männern

brachte, unter welche er vorzüglich seinen Oberst, Herrn von Helden-

brand rechnete, der ihn täglich unentgeldlich an seine

Tafel zog.

Nach Abgang von dieser Stelle wurde er Anno 1737 zum

Garnisons Prediger auf Hohen Asberg u. a 1739 d. 21.

April zum Pfarrer in Hengen ernannt, woselbst er

zur nämlichen Zeit mit meiner seel. Mutter, Henriette

Brigitte Hosch, ehl. verbunden wurde.

Ungünstige Umstände, deren ich wegen noch Lebender u. daran Antheil

habender Familien nicht gedencke, veranlaßten meinen

Vater diese Gegend zu verlassen, u. die Pfarrei in Ehrstatt,

im Kraichgau welche der Ritterhauptmann - Johann Friedrich

von Degenfeld zu vergeben hatte, Anno 1740 aufzunehmen.

Die fixierte Besoldung ware aber hier so gering, daß

35

Kranken in den Lazarethen zu Pirchheim u: Windloch zu besuchen, aber auf der andern Seite rühmt er sich auch mit Dank u: Freude, daß ihn Gott den ganzen Feldzug über gesund erhielt, und ihn in Bekanntschaft von vielen würdigen Männern brachte, unter welche er vorzügl: seinen Obrist, Herr von Holdenbrand rechnete, der ihn täglich unentgeldlich an seine Tafel zog.

Nach Abgang von dieser Stelle wurde er Año 1737 zum Garnisons Prediger auf Hohen Asperg u: a. 1739 d. 21. April zum Pfarrer in Henger ernannt, woselbst er zur nämlichen Zeit mit meiner sanfl: Mutter, Henriette Brigitte Hoff, ehl: verbunden wurde.

Ungünstige Umstände, deren ich wegen nach (Enbander u:) davon Auffall Sabander Familien nicht gedencke, veranlaßten meinen Vater diese Gegend zu verlaßen, u: die Pfarrei in Großbottwar, im Kraichgau — welche der Rittmeister Hauptmann Johann Friedrich von Ingenfeld zu vergeben hatte, Año 1740 anzunehmen. Die fixirten Besoldung waren aber hier so gering, daß er sich genöthigt sahe, um ein besseres Einkommen umzu-

sehen, und er fand es einiger Masen in seiner Beförderung

auf die Pfarrei in dem Baron von Holzischen Markt Fle-

cken Bartholomä, welche er d. 22 März 1745 bezoge.

Hier wuchs seine Familie, u. mit diesem Anwachsen auch

seine Ausgaben, so daß er in kurzer Zeit, da sich seine

Besoldung nur auf 260 f. belief, 1000 f. von seinem Eigen-

thum zusezte. Um so angenehmer war ihm daher die Voca-

tion nach Reutti bei Ulm, in eine dem Baron von Roth

gehörige Gemeinde, zu welcher er d. 22 April 1757 mit

6 Kindern als Wittwer einzog, indem das Jahr zuvor

meine liebe Mutter in die bessere Ewigkeit eingienge.

Not. 7.   Die Umstände erlaubten meinem Seel. Vater, vorzüglich wegen seiner

noch unerzogenen Kinder, nicht, allein zu bleiben; er wählte sich

dafür zu seiner 2ten Ehgattin Jungfer Sibille Justine Andler;

deren Vater ware Herr Johann Jacob Andler, u. Frau N. N. Schmid

von Stuttgart - bei deren Herrn Bruder, Expeditions Rath Schmid ich

gewöhnlich logirte, wenn ich in das Land Examen kame.

er sich genöthiget sahe, um ein bessres Einkommen anzu=
sehen, und er fand es einigermaßen in seiner Beförderung
auf die Pfarrei in dem Baron von Holz ischen Marktfle=
cken Bartholomäe, welche er d: 22 März 1745 bezog.
hier wuchs seine Familie, u: mit diesem Anwachsen auch
seine Ausgaben, so daß er in kurzer Zeit, da sich seine
Besoldung nur auf 260 f. belief, 1000 f von seinem Eigen=
thum zusezte. Um so angenehmer war ihm daher die Voca=
tion nach Reutti bei Ulm, in eine dem Baron von Roth
gehörige Gemeinde, zu welcher er d: 22 April 1757 mit
6 Kindern als Wittwer einzog, indem das Jahr zuvor
meine liebe Mutter in die bessere Ewigkeit eingiengen.

Not. 7. Die Umstände erlaubten meinem Vater, vorzüglich wegen seiner
noch unerzogenen Kinder, nicht, allein zu bleiben; er wählte sich
daher zu seiner 2te Ehgattin Jungfer Sibilla Justina Andler;
Ihre Eltern waren Hl: Johann Jacob Andler, u: Frau N.N. Schmid
von Nürtingen — bei deren Herr Bruder, Expeditions Rath Schmid ich
gewöhnl: logirte, wenn ich in das Land Examen kam.

Mit dieser wurde er d. 8. Nov. 1757 ehl. getraut, zeugte 2 Kinder

mit ihr, u. erreichte durch sie seine Absicht: seinen Kindern eine bessere

Bildung geben zu können, als auf einem Dorfe möglich ist. Wie dann

auch ich und meine fünf Geschwiestern uns theils kürtzere, theils längere

Zeit bei diesen Groß Eltern in Blaubeuren aufhielten.

Die von meiner Stief Mutter erzeugten 2 Kinder starben frühzeitig, und

da mein Veter seinen Pfarrdienst an einen Tochtermann mit der Hälfte

Besoldung abtratte u. seine andern Kinder entfernt waren, so

verlebten diese Eltern ein geruhiges Alter.

Mein Vater starb in Reutti in seinem 78sten Lebens Jahr an den

Folgen eines 15 Jahr lang offenen u. schnell von selbst getrockneten

Fußes. Er liegt an der Seite miener geliebten Schwester Friederika

begraben. Seine Ehgattin folgte ihm im 80sten Lebens Jahr im Tode

nach. Sie starb in Urach, woselbst sie als Wittwe etliche 20 Jahr pri-

vatisierte, an Nachlaß der Natur d. 24 Dec. 1810.

37

Mit dieser wurde er d: 8. Nov 1757 ehl: getrauet. Zeugte 2 Kinder
mit ihr, u: vernichte doch sie seiner Absicht: seinen Kindern eine bessere
Bildung geben zu können, als auf einem Dorfe möglich ist. Wie denn
auch ich und meine fünf Geschwister teils kürzere, teils längere
Zeit bei diesen Großeltern in Blaubeuren aufhielten.

Die von meiner Stiefmutter erzeugte 2 Kinder starben frühzeitig, und
da mein Vater seinen Schuldienst an einem Tochtermann mit der Hälfte
der Besoldung abtrate u: seine andern Kinder nicht bei ihm waren, so
erlebten diese Eltern ein geruhiges Alter.

Mein Vater starb in Reutti in seinem 78ten Lebensjahr an den
Folgen eines 15 Jahr lang oftmals u: schnell von selbst getrockneten
Fußes. Er liegt an der Seite meiner geliebten Schwester Friederike
begraben. Seine Ehegattin folgte ihm in 80ten Lebens Jahr im Tode
nach. Sie starb in Urach, woselbst sie als Wittwe nahe: 20 Jahr pri=
vatisierte, an Nachlaß der Natur d. 24 Dec. 1810.

Not. 8   Von meiner seeligen Mutter, Henriette Brigitte Hosch, welche in

jüngeren Jahren nach einer 36 Wochen lang dauernden Wassersucht

in Bartholomäe gestorben u. daselbst in der Kirche begraben ist,

weiß ich leider wenig, zu theuerst den Tag ihrer Geburt nicht.

Ihr Herr Vater ware: M. Johann Michael Hosch. Vieljähriger

Special in Hornberg. Dieser stammte, so viel ich mich erinnere,

von Freudenstadt her. Hatte viele Kinder, unter welchen meine

liebe Mutter die jüngste Tochter ware.

Sein ältester Sohn wurde sein Amts Nachfolger im Decanat Horn-

berg, welchen ich als einen ehrwürdigen Greis auf einer Fuß-

reyse nach Lahr u. Strasburg persönlich kennen zu lernen

das Vergnügen hatte.

Als einst S. Durchlaucht, der Herzog Karl seine Frau Schwester,

die Fürstin von Thurn u. Taxis, welche sich zu Hornberg auf-

halten mußte, besuchte, so zog er diesen meinen Oncle zur Tafel

u. offerierte ihm die nächst aufgehende Pälatur. Welches

gnädige Anerbieten er unter dem Vorwand ablehnte:

38

Not: 8)

Hans Baum
vide p. 66.
wo der Geburtstag an-
gegeben ist.

Von meiner seeligen Mutter, Henriette Brigitte Hoff, welche in jüngeren Jahren nach einer 36 Wochen lang dauernden Wassersucht im Bartholomä gestorben, u. daselbst in der Kirche begraben ist, weiß ich leider wenig, zu sehr ist den Tag ihrer Geburt nicht.

Ihr H[err] Vater war: M. Johann Michael Hoff. Dießjähriger Special in Herrenberg. Dieser stammte, so viel ich mich erinnern, von Freudenstadt her. Hatte viele Kinder, unter welchen meine liebe Mutter die jüngste Tochter war.

Sein ältester Sohn wurde sein Amts Nachfolger im Decanat Herren-berg, welchen ich als einen ehrwürdigen Greis auf einer Fuß-reise nach Lahr u. Straßburg persönlich kennen zu lernen das Vergnügen hatte.

Als einst Se. Durchlaucht, der Herzog Karl seine Frau Schwester, die Fürstin von Thurn u. Taxis, welche sich zu Herrenberg auf-halten mußte, so zog er diesen meinem Oncle zur Tafel u. offerirte ihm die nächst aufgehende Praelatur. Welches gnädige Anerbieten er unter ihrem Vorwand ablehnte.

Er wünsche an der Seite seiner Väter begraben zu seyn. Welcher fromme Wunsch ihm aber nicht gewährt wurde, denn er ware noch nicht lange begraben, so entstand durch einen Wolckenbruch ein ausserordentlich Gewässer, das seine Bahre aus dem frischen Grab herauswühlte u. mit sich fortführte. 8 Stunden unter Hornberg wurde er das 2te mal begraben.

Not. 9. Nach einer Amsterdamer Zeitung, a. d. März 1763, starb in Berbice ein Schifs Capitain namens Emanuel Hosch, welcher einen Theil seines Vermögens ad pias causas, den Andern, welcher der Sage nach bedeutend gewesen seye, seinen Anverwandten in Würtemberg vermachte. Nun gab sich mein seel. Vater u. Special Kreußer alle Mühe, diesen Hosch in irgend einem Taufbuch auf-zufinden, u. es gelange ihm nach langem Suchen, aber der gefundene Emanuel Hosch, dessen Vater Würtembergischer Oberst u. in den Kriegszeiten bald da bald dort ware, ware nicht in Würtemberg gebohren, u. aus diesem Grund gaben die Holländer diß Vermögen nicht heraus.

er wünschte an der Seite seiner Väter begraben zu seyn. Welcher
frommen Wunsch ihm aber nicht gewähret wurde, denn er war noch
nicht lange begraben, so entstand durch einen Wolkenbruch ein
außerordentlich Gewässer, das seine Gebeine aus dem frischen Grab
heraus wühlten u: mit sich fort führten. 8 Stunden unter Hornburg
wurde er das 2te mal begraben.

Nach einer Amsterdamer Zeitung, d. d. März 1763 starb in Berbice ein Schiffs Capi: Not. 9.
tain, namens Emanuel Hosch, welcher einen Theil seines
Vermögens ad pias causas, den andern, welcher der Sage
nach bedeutend gewesen seyn, seinen Anverwandten in Würtem=
berg vermachte. Nun gab sich mein Seel: Vater u: Special
Kreußer alle Mühe, dieses hoffte in irgend einem Taufbuch auf=
zufinden, u: es gelange ihnen nach langem Suchen; aber der
gefundene Emanuel Hoß, dessen Vater Würtembergischer Oberst
u: in den Kriegs Zeiten bald da bald dort waren, war nicht in
Würtemberg gebohren u: aus diesem Grund gaben es die Holländer
diß Vermögen nicht heraus.

Die von dem IV. Stammvater aus der ersten Ehe erzeugten Kinder sind folgende:

Margarethe Dorothee n. 6.Febr. 1740 ✠ 24. Febr. 1833 Marit: Johannes Klemm	Marie Elisabethe ✠ 26. Apr. 1742	Johann Friedrich ux. Marie Justine und Friederike ✠	Friederike Wilhelmine Charlotte ✠ 19. Jul. 1772

Nro. I. Margarethe Dorothee – diese meine älteste Schwester verheurathet sich

an den Klosters Speismeister in Blaubeuren, Herrn Johannes Klemm,

(er starb d. 11. Jul. 1793.)

den jüngsten Sohn des Oberamtmann Klemms in Steißlingen, der

von der Kayßerin, Marie Theresia, den Titul als Kayserlicher

Rath u. das Adels Diplom erhielte.

Sie erzeugte während ihrer Ehe mehrere Töchter, von welchen 2

in den besten Lebens Jahren an Auszehrung starben. Zwey aber

gegenwärtig unter günstigen Umständen im Ehstand sich befinden.

a) Die älteste Tochter, Friderike, ist verheurathet d. 10. Nov. 1793. an den

nun emaligen Hhn Kammeralverwalter in Tübingen, Georg

Friedrich Heller, einem Sohn des Herrn Rath u. Kellers, auch Ritter des

Königlich Würtembergischen Civil Verdienst Ordens in Untertürckheim,

aus dieser Ehe lebt unter mehr erzeugten noch 1. Sohn (Joh. Frid. Heller).

Dieser Hh. Kammeralverwalter ⁾ succedirte zuerst einem Schwager als Speis-

meister in Blaubeuren, welche Stelle ich ihm bei heran nahendem

Ende meines Schwagers durch den damaligen Herrn Kirchen Raths

Die von dem IV. Stammvater aus der

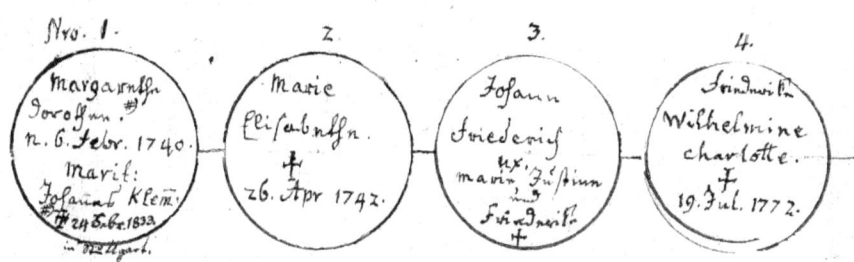

Nro. 1.   **2.**   **3.**   **4.**

- Margaretha Dorothea. n. 6. Febr. 1740. Marit: Johann Klem: † 24 [...] 1833 in [...]
- Marie Elisabetha. † 26. Apr 1742.
- Johann Friederich ux. marin Justinn und Friederich †
- Friedrich Wilhelmine charlotte. † 19. Jul. 1772.

Nro. 1. Margaretha Dorothea — diese meine älteste Schwester verheirathet sich

an den Klosterschreibmeister Joh in Blaubeuren, Hrn Johann Klem.

(gestorb d. 11 Jul. 1793)

Der jüngste Sohn des Oberamtmann Klem b in [...], der

von der Kayserin Maria Theresia, den Titel als kayser licher

Rath u. das adels Diplom erhielt.

Sie erzeugte während ihrer Ehe mehrere Töchter, von welchen 2

in den besten Lebens Jahren an auszehrung starben. Zwey aber

gegenwärtig unter günstigen Umständen im Ehstand sich befinden.

d. 10 Nov. 1793 [...] in Tübingen

Die älteste Tochter, ist verheirathet an den Hrn Kammeralverwaltung Georg

Friedrich Heller, einen Sohn des Hrn Rath u. [...], auch Ritter des

Königl Würtenbergl Civil [...] ordens in [...]

aus dieser Ehe [...] noch 1. Sohn

Diesem Hrn Kammeral Verwalter Succedirte meinen Schwager als Schreib:

[...] meister in Blaubeuren, welche [...] ich ihn bei [...] nehmen

Ende meines Schwagers durch den Damaligen Kirchen Rath

Johann Georg Christoph ✠ 17. Jan. 1750	Anne Henriette Maritus M. Stüb. Pfarrer in Pfuhl.	Johann Jakob uxor Auguste Christiane n. Ehrhart	Philipp Heinrich ux. Cordula Ehrentraut

Director von Hochstetter verschaffen zu können, das Vergnügen
hatte.

Die 2te Tochter, Charlotte ist verheurathet an den gegenwärtigen
Bürgermeister u. Amtspfleger in Blaubeuren, Herrn N. N. Gräter (✠1824).
Sohn des ehmaligen Oberförster Graeter in Grafenberg. Es
sind Kinder aus dieser Ehe da, aber die Anzahl derselbsen ist
mir nicht genau bekannt. [#] (2. Tafel)

Die 3te Tochter, Wilhelmine geht mit meiner verwittweten
Schwester, ihrer Mutter, bei ihrrem Schwager in Tübingen
in die Kost; verheirathete sich1820 mit Regierungsassistenten Niethammer,
der 1825, ohne Kinder zu hinterlassen, starb.

Nro. II   Marie Elisabethe starb in dem ersten Lebens Jahr d. 26. April Anno 1742.

[#] Aus dieser Ehe 2 Töchter:
a) Caroline Gräter, verheurathet an Stadtschultheiß Kraus: in
Blaubeuren. b) Auguste Gräter, verheirathet an Rentamtmann Espenmayer in
Oberbalgheim.

... Ihre ruhmwürdige Kinder sind folgende:

(S. Seite 33 Vetter) s 49 Sohn y)

| 5. | 6. | 7. | 8. |

5. Johann Georg Christoph † 17. Jan: 1750

6. Ane Heinrika. Maritus. M. Stüb ... ver in ...

7. Johann Jacob. uxor auguste chri- stiane, n. Ehrhart

8. Philipp Heinrich. ux Cordula ... braut.

Director von Hofkünstler ... zu ..., das Vergnügen hatte.

Die 2te Tochter, Charlotte ist verehelichet an den gegenwärtigen Bürgermeister u. auch ... in Blaubeuren, Hr. N. N. Gräter. $\frac{C}{\#} 1824.$

Sohn des ehemaligen Ober-förster Graters in ... Es sind Kinder aus dieser Ehe da, aber die Anzahl derselben ist mir nicht genau bekannt. #) (2 ...)

Die 3te Tochter, Wilhelmine geht mit meiner verwittweten ... Schwester, ihrer Mutter, bei ihrem Schwager in Tübingen

in die Kost. verheirathete sich 1820 mit ... Assistenten ..., ... 1823, ohne Kinder zu hinterlassen, starb.

Maria Elisabetha starb in dem ersten Lebens Jahr d. 26. April   Nro. 11.
Ano 1742.

#) aus dieser Ehe 2 Töchter: a) Carolina Gräter, verheirathet an ... : ... b) ... Gräter, verheirathet ... Rentamtmann ... in Oberbulzheim.

Nr. III Johann Friederich - gebohren d.   1744. Erlernte nach vollen-

deten Schuljahren die Chirurgie bei einem Wundarzt Pilcher

in Blaubeuren. Reyßte a. 26. Jan 1761 auf gut Glück mit

einigen Gulden im Sack in die weite Welt, erkrankte gleich

Anfangs in Fürth bey Nürnberg, und mußte wegen der Kur-

kosten schauen, wie sich sein Felleisen in ein kleines Päckgen

umwandelte. Von da aus kam er nach Hanover, wo er aber

nur kurze Zeit verweilte, um in Stockholm eine bessere Con-

dition anzutretten. Der dasige Principal lag an Auszehrung

u. überließ ihm seine ganze Kundschaft gegen den helftigen

Verdienst; nach dem Tod desselben mußte er, da er die An-

träge der Wittwe aus schlug u. von ihr böslich verfolgt wurde,

Stockholm verlassen, und reyßte mit dem dänischen Gesand-

ten, Baron con Cocceji, den er inzwischen als Chirurg bedient

hatte, nach Koppenhagen. Durch die Gnade dieses Gönners unter-

stützt, wurde ihm Gelegenheit verschaft 1½ Jahr chi-

rurgische Collegia zu hören, worin er sich so weit perfectio-

Nr. III.
Johann Friedrich - gebohren d. 1744. folgerte nach vollendeten Schuljahren in Chirurgie bei einem Wundarzt Fischer
in Glaubeuren. Reiste d: 26. Jan 1761 auf gut Glück mit
einigen Gulden im Sack in die weite Welt, verbrauchte gleich
Anfangs in Fürth bey Nürnberg, und mußte wegen der Reise-
kosten schon, wie sich hier entlaufen in eine kleine Jacke
umwandelte. Von da aus kam er nach Hanover, wo er aber
eine kurze Zeit verweilte, um in Stockholm eine bessere Con-
dition anzutreten. Der dasige Principal lag an Auszehrung
u: überließ ihm seine ganze Kundschaft gegen den sorgfältigen
Krankendienst; nach dessen Tod sollten er, da er die An-
träge der Witwe ausschlug u: von ihr hässlich verfolgt würde,
Stockholm verlassen, und mußte mit dem dänischen Gesandten, Baron von Cocceji, dem er inzwischen als chirurg bedient
hatte, nach Kopenhagen. Durch die Gnadenakte Gottes unterstützt, wurde ihm Gelegenheit verschafft 1½ Jahr chirurgische Collegia zu hören, worin er sich so weit perfectio-

nirte, daß er als Chirurgien Major auf einem Kriegs Schiff angestellt wurde, das der König Christian von Dänen Marck nach
Algier oder Tunis sandte, um daselbst seinen Gesandten zur
Strafe ziehen zu lassen. (Dieser entleibte sich aber bey Ankunft des Schiffes). Nach Endigung dieser Expedition
gieng mein Bruder, da sein See Dienst cessirte, nach
Holland, um derlei Dienste zu suchen, er engagirte sich
bald als Arzt auf ein Schiff, das Sklaven auf der Küste
von Guinea erhandelte u. hin zum Verkauf nach Surinam
transportirte. 3 mal machte er diese Reyse und stunde
sich gut dabei. Anno 1770 kehrte er wieder in sein
Vaterland zurück, um die Seinigen auf etliche Monate
zu besuchen; weder Vater noch Geschwister kannten ihn, und
es ware große Freude, so wie einst bei Jacob u. Joseph, als
er sich zu erkennen gab. Nach kurzer Zeit gieng er wieder
nach Surinam u. ließ sich daselbst als Arzt nieder.
In Verbindung mit einem Arzt Beydenfrost verdienten

nirte, daß er als Chirurgien Major auf einem Königs Schiff angestellt würde, das der König Christian von Dännemarck nach Algier oder Tunis sandte, um daselbst seinen Gesandten zur Strafe ziehen zu laßen. (Dieser verbließ sich aber bey Ankunft des Schiffes.) Nach Endigung dieser Expedition ginng mein Bruder, da sein der Dienst cessirte, nach Holland, um Inseln Dienste zu suchen, er engagirte sich bald als Arzt auf ein Schiff, das Sklaven auf der Küste von Guinee erhandelten u: sie zum Verkauf nach Surinam transportirte. 3 mal machte er diese Reyse und stunde sich gut dabei. Anno 1770 kehrte er wieder in sein Vaterland zurück, um die Seinigen auf etliche Monate zu besuchen; weder Vater noch Geschwister ihn, und er waren große Freunde, so wie nicht Jacob u: Joseph, als er sich zu rechnen gab. Nach kurzer Zeit ginng er wieder nach Surinam u: ließ sich daselbst als Arzt nieder. In Verbindung mit einem Arzt bey Jansroost verordneten sie sich monatlich reine 1000 f. lebten aber auf einem großen

Fuß. Anno 1780 kam er wieder in das Vaterland, u. lo-

girte damals bey mir in Ulbach. Er brachte verschiedene

Naturalien mit sich. 3 Papagai, 1. schönen Affen, 1. Neger

aus Afrika u. s. w. auch 1. Gurte mit 1000 holländischen Ducaten

von 1. Schlag. Bei diesem Besuch lernte er eine Jungfer

Schlechterin in Güglingen kennen mit welcher er sich ehl.

versprach, da aber sein u. ihr Vermögen nicht hinreichend

ware, bequem zu leben, so reyßte er noch einmal nach

Surinam; und kam nach ohngefähr 5 Jahren mit einem

Vermögen von 12000 f zurück. Auf sein Verlangen führte

ich ihm seine Braut bis Maynz entgegen; und hatte

dadurch eine der angenehmsten Reysen in meinem Leben.

Noch in dem nämlichen Jahr copulirte ich ihn in Ulbach. Die

Ehe war kinderlos u. von kurzer Dauer. Meine Schwägerin

starb, ni fallor, anno 1797 an Auszehrung.

Anno 1799 verheurathe er sich zum 2ten mal mit der

sin sich monatlich reinen 1000 f. lebten aber auf einen großen
fuß. Año 1780 kam er wieder in das Vaterland, u: lo=
girte damals bey mir in Ulbach. Er brachte zweyhunderr
Naturalien mit sich, 3 Fasagai, 1. schönen Affen, 1. Negro
aus Afrika u: s. w. auch 1. quiod mit 1000 holländ:schen Ducaten
von 1. Schlag. bey diesem Besuch lernte er eine Jungfer
Schlachtrein in Güglingen kennen, mit welcher er sich eh:
versprach, Da aber sein u: ihr Vermögen nicht hinreichend
waar, bequem zu leben, so reyßte er noch einmal nach
Surinam, und kam nach ohngefähr 5 Jahren mit einem
Vermögen von 12000 f zurück. Auf sein Verlangen fuhr
ich ihm seiner braut bis Maynz entgegen; und hatten
dadurch einen der angenehmsten Reisen in meinem Leben.
Noch in dem näml: Jahr copulirte ich ihn in Ulbach. Die
Ehe war kinderlos u: von kurzer Dauer. Meine Schwägerin
starb, ni fallor, año 1797. an Auszehrung.
Año 1799 verheurathe er sich zum 2ten mal mit der

verwittweten Frau Pfarrer Hellerin von Neckarhausen, einer

Tochter des ehmaligen Herrn Pfr. Genters von da. Ich copulierte

ihn im Jan. 99 in Ulbach; er wählte Ludwigsburg zu

seinem Aufenthalt und starb im Jan. 1800 unter meinem

Gebet u. Besorgung seiner Begräbniß. Dieser Mann, der

so oft den Stürmen des Meeres trozte, und unter den

verschiedensten Klimaten, unter der Hitze von Africa und

unter Schwedens Kälte gesund bliebe, starb eines elenden

Todes. Da er in Nürtingen Braut Besuche machte, so kam

er in die Stube einiger alten Fr. Basen, die so eingeheizt

ware, daß mein Bruder hinter sich das Fenster ein wenig

öfnete u. er sich einen steiffen Hals zuzog, der duch nichts

mehr zu curieren ware; alle Kraft zum Schlucken einer

Speise verlohr sich, u. so endete er abgezehrt u. verschmach-

tend sein Leben. Gott lohne ihm in der Evigkeit, was er

mir u. meinen Kindern von seinem mit so viel Gefahr

erworbenem Vermögen hinterlassen hat.

verwittwete Frau Pfarrer Hellerin von Neckarhausen, einer
Tochter des ehemaligen Herrn Pfarrer Gentner von da. Ich copulirte
ihn im Jan: 99 + in Ulbach; er wählte Ludwigsburg zu
seinem Aufenthalt und starb im Jan: 1800 unter meinem
Gebet u: Besorgung seines Begräbniß. Dieser Mann, der
so oft den Stürmen des Meeres trozte, und unter den
verschiedensten Klimaten, unter der Hitze von Africa und
unter Schwedens Kälte gesund blieben, starb eines elenden
Todes. Da er in Nürtingen Bekannte besuchen machte, so kam
er in die Stube einiger alten Fr: Basen, die so eingeheizt
waren, daß mein Bruder hinter sich das Fenster ein wenig
öffnete u: er sich einen Stickfluß halb zuzog, der doch nicht
mehr zu curiren waren; alle Kraft zum Schlucken einer
Speise verlohr sich, u: so zehrte er abgezehrt u: verschmach-
tend sein Leben. Gott lohne ihm in der Ewigkeit, was er
mir u: meinen Kindern von seinem mit so viel Gefahr
erworbenen Vermögen hinterlaßen hat.

Nr. IV.   Friederike Wilhelmine Caroline (bem. nicht Charlotte? wie p. 40. angegeben ist.) Diese meine l. Schwester ware beynahe 10 Jahre Hausjungfer bey dem damahls in großen Ehren gestandenen Herrn Landschafts Consulent Hauff in Stuttgart, mit welchem meine Stiefmutter ver- schwägert ware. Eine Frau Assessor Seubert, welche Epilep- tica ware, machte einen Besuch in diesem Hause, bekam ihren Anfall, u. meine 1. Schwester, welche ihr zu Hülfe sprang, wurde durch Schrecken veranlaßt von der nämlichen Kranckheit be- fallen. Vier Jahre duldete sie in diesem Unglük und starb an demselben d. 19. Jul. 1772 in dem 32sten Lebens Jahr.

Nro. V.   Johann Georg Christoph - von diesem Brüderlein weiß ich nichts, als daß es frühzeitig, u. zwar d. 17. Jan. 1750 gestorben.

Nro. VI.   Anne Henriette. - Diese Schwester verweilte in ihren ledigen Jahren in Blaubeuren. Mein seel. Vater trat ihro mit Be- willigung des Herrn von Roths den Dienst u. die Helfte Besoldung ab, und sie verheurathete sich an Herrn Theol. Candidatum

46

Nr. IV.

nicht Charlotte? wie S. 40. angegeben ist,

Friedrike Wilhelmine Caroline. Diese meine l. Schwester
waren beynahe 10 Jahre Haußjungfer bey dem damahls in
großem Ehren gestandenen Herrn Landschafts Consulent
Haußt in Stuttgart, mit welchem meine Stief Mutter ver-
schwägret waren. Eine Frau Assessor Naubret, welche Epilep-
tica waren, machte einen Besuch in diesem Hauße, bekam ihren
Anfall, u: meine l. Schwester, welche ihr zu Hülfe sprang,
wurde durch Schrecken veranlaßt von der nämlichen Krankheit be-
fallen. Eine Jahre siechte sie in diesem Unglück und
starb an demselben d. 19. Jul. 1772 in dem 32.ten Lebens-
Jahr.

Nro. V.

Johann Georg Christoph — Von diesem Brüderlein weiß ich
nichts, als daß es frühzeitig, u: zwar d. 17. Jan: 1750 gestorben.

Nro. VI.

Anna Henriette. — Diese Schwester verweilte in ihrem ledigen
Jahren in Blaubeuren. Mein seel. Vater trat ihro mit be-
willigung des Ehrw von Roßb den Dienst u: die Hälfte besoldung
ab, und sie verheurathete sich an Herrn Theol: Candidatum

M. Stüb. Dessen Herr Vater Handelsmann in Urach ware. Bald

nach dem Tod meines Vaters wurde dieser mein Schwager

auf die Ulmische Pfarrei Albeck befördert, und nach Verfluß

einiger Jahre auf die nun bayerische, 1. Stunde von Ulm gele-

gene Pfarrei Pfuhl. An diesem Orte hatten sie bey der Belage-

rung von Ulm viele Drangsale zu erfahren. Es hatten sich 5

französische Generale bey ihnen einquartiert, die sich zwar gut

gegen sie benahmen, deren Dienerschaft aber bey dem Abzug

alle Sachen von Wert plünderten.

In dieser Ehe wurden 2 Töchter gezeugt, von welchen die jüngste

im 13ten Jahr, die älteste aber nach 1. Jahr ihrer Verheurathung

an Conditor N. N. in Laupheim, starbe. Der einzige erzeugte

Enckel folgte seiner Mutter bald im Tode nach.

Nro. VII. Johann Jacob - kommt in der Folge als Stamm Vater vor.

Nro. VIII. Philipp Heinrich - dieser mein jüngster Bruder frequentirte

mit mir die lateinische Schule in Blaubeuren, u. lernte in

der Folge bey Herrn Amtschreiber Luz allda die Schreiberei.

Nachdem er in mehreren Schreib Stuben seine Jahre zuge-

M. Stüb. Indem H Pater Haudenmann in Urach waren. bald
nach dem Tod meines Vaters wurde dieser mein Schwager
auf die Ulmische Pfarrei Algneß befördert, und nach Verfließ
einiger Jahre auf die mein bayreußt, 1 Stunde von Ulm gele-
gene Pfarrei Hüßl. An diesem Ort hatten sie bey der belage-
rung von Ulm viele Drangsale zu verfahren. Es hatten sich 5
französische Generale bey ihnen einquartiert die sich zwar gut
gegen sie benahmen, deren Dienerschaft aber bey dem abzug
alle Sachen von Werth entwendeten.

In dieser Ehe wurden 2 Töchter gezeugt, von welchen die jüngst
im 13ten Jahr, die älteste aber nach 1 Jahr ihrer Verheirathung
an Candidor N.N in Laichheim, starben. Der einzige erzeugte
Enkel folgte seiner Mutter bald im Tod nach.
Johann Jacob kommt in der folge als Stam Vater vor.   Nro VII.
Philipp Heinrich — Dieser mein jüngster Bruder frequentierte Nro VIII.
mit mir die Lateinische Schule in Blaubeuren, u. kam in
der folge bey Hrn Amtsschreiber Lütz allda in die Schreiberei.
Nachdem er in mehreren Schreib Stuben seine Jahre zuge-

bracht, so bekam er Gelegenheit, sich durch Fertigung einer

Bilance über das Holzwesen der Stadt Ulm zu empfehlen,

er wurde von ihr als Bürger aufgenommen, u. in der Folge als

Salzamtschreiber ernannt.

Er verheurathete sich - ni fallor, a. 1802. an Jungfer Ehren-

traute Cordula Haßler. Deren Herr Vater ware: Marx

Haßler, Professor u. in der Folge Rector des Gymnasij

in Ulm. Die Frau Mutter Anne Marie, gebohrene Wag-

ner aus Ulm.

Aus dieser Ehe ist ein eintziger Sohn erzeugt, namens:

Wilhelm Heinrich Eduard, welcher d. 10ten Octobr 1804

gebohren wurde. (Bem.: Dieser Sohn etablirte sich (ungefähr 1834) in Ulm

als Uhrmacher).

Bey der Übergabe der Stadt Ulm an Württemberg verlohr

mein Bruder seine Amtsstelle, weil der bayerische

Salzhandel cessirte; Er hat aber Zusage, nächstens bei

Württemberg auf schickliche Art angestellt zu werden.

bracht, so bekam er Gelegenheit, sich durch Fertigung einer
Bilance über das Holzwesen der Stadt Ulm zu verschaffen,
er wurde von ihr als Bürger aufgenommen, u: in der Folge als
Salz amt Schreiber genannt.

Er verheurathete sich - ni fallor, a. 1802. an Jungfer Ehren=
traute Cordula Haßler. Ihnen Hr Vater waren: Marc
Haßler, Professor u: in der Folge Rector des Gymnasij
in Ulm. Die Fr: Mutter. Anna Maria, gebohrene Wag=
ner aus Ulm.

Aus dieser Ehe ist ein einziger Sohn erzeugt, Namens:
Wilhelm Heinrich Eduard, welcher d: 10ᵗᵉ Octobr 1804
gebohren wurde. dieser Sohn etablirte sich (Augusta 1834) in Ulm als Uhrmacher.

bey der Übergabe der Stadt Ulm an Württemberg verlohr
einen Bruder seinen Amts Stelle, weil der bayrische
Salz Handel cessirte; Er hat aber Zusage, nächstens bei
Württemberg auf ähnl: Art angestellt zu werden.

V.

M. Johann
Jacob Ludwig
Pfarrer in Ulbach und
Kl. Sachsenheim.
uxor
Auguste Christiane,
geb. Ehrhart
von Stuttgart
Nota. 10

Ich wurde von vorbenannten Eltern in Bartholomäe, einem

Baron von Holzischen Marckt Flecken, d. 24. Jan 1752 [#])

gebohren, verweilte bey meinen Eltern in Reutti nächst

Ulm bis in mein 7tes Jahr; nach welchem ich meinen

Stiefgroß Eltern in Blaubeuren in die Kost gegeben, u. von

diesen in die dasige lateinische Schule geschickt wurde.

Nach überstandenen Prüfungen in dem Land Examen zu

Stuttgart wurde ich a. 1765 in das Kloster Blaubeuren,

aber nur als Hospes aufgenommen, theils weil ich noch zu

jung ware, theils weil bereits 32 Alumni recipirt waren.

M. Johann
Jacob Ludwig.
Pfarrer in Ulbach und
Kl: Sachsenheim.
uxor
Auguste Christiane,
geb. Ehrhart
von Stuttgart.
Nota. 10.

Ich würde von vorbenannten Eltern in Bartholomä, einem
Baron von Holtz:schen Marckt Flecken, d: 24. Jan 1752 #)
gebohren, verweilte bey meinen Eltern in Reutti nächst
Ulm biß in mein 7tes Jahr; Nach welchem ich meinen
Stiefgroßeltern in Blaubeuren in die Kost gegeben, u: von
diesen in die dasige Lateinische Schule geschickt wurde.
Nach überstandenen Prüfungen in dem Land Examen zu
Stuttgart wurde ich in d. a. 1765 in das Closter Blaubeuren,
aber nur alß hospes aufgenommen, theils weil ich noch zu
jung waren, theils weil bereits 32 Alumni recipirt waren.

#) Der Pater setzte
beim einschreiben in
das Taufbuch den
Wunsch bei: Deus be-
nedicat!

Ich wurde zwar gleich in dem folgenden Jahr durch Verwendung

des würdigen u. mir sehr geneigten Herrn Praelat Käuffelin,

auch als Alumnus aufgenommen, (auf welches mein seel. Vater

um so eher drang, als er die weite Entfernung nach dem

Cl. Maulbronn scheute.) aber es geschah eher zu meinem Nach-

als Vortheil. Meine Compromotionalen waren zum Theil 1½

Jahr älter als ich. Mein Primus, der gegenwärtige Consisto-

rial Rath u. D. pr Theol in Göttingen, Plank, mußte mir erst

die Anfangsgründe in der hebräischen Sprache zeigen,

kurz, ich war noch nicht reif in das Closter, u. warne meine

Nachkommen vor Übereilung in derlei Schritten.

Mein 9 jähriger Aufenthalt in den Klöstern u. in dem

Stipendio zu Tübingen hatten nichts aussergewöhnliches, als

daß ich gleich nach meinem Magisterio in eine schwere

Krankheit fiele, die mich dem Grabe nahe brachte.

Ich erhielte bey meiner Wiedergenesung ungemein viele

Wohlthaten, besonders von Herrn Geheimen Rath Hofmann, Kantz-

ler Cotta u. dem Bürgermeister Fischerischen Haus. Täglich

wurden mir die besten Weine u. Speisen überschickt.

Ich würde zwar gleich in dem folgenden Jahr durch Verwendung
des würdigen u: mir sehr geneigten Hl. Prælat Käuffelins
auch als Alumnus aufgenommen, (auf welches meine sehr Vater
ein so sehr Drang, als wo die weite Entfernung nach dem
LI Maulbronn schule.) aber es geschah nur zu meinem Nach-
als Vortheil. Meine Compromotionalen waren zum Theil 1½
Jahr älter als ich, Mein Primus, der gegenwärtige Consisto=
rial Rath u: S. pr Theol in Göttingen (Plank,) mußte mir noch
die Anfangs gründe in der Hebräischen Sprache zeigen c
kurz, ich war noch nicht reif in das Closter, u: waren meine
Nachkommen vor Übereilung in dolchen Schritten.
Mein 9 jähriger Aufenthalt in den Clöstern u: in dem
Stipendio zu Tübingen hatte nichts außer gewöhnliches, als
daß ich gleich nach meinem Magisterio in eine schweren
Krankheit fiel, die mich dem Grabe nahe brachte.
Ich erhielten bey meiner Wiedergenesung augenein vieler
Wohlthaten, besonders von Hl. Geheimen Rath Hofmann, Kanz=
ler Cotta u: dem Bürgermeister Fischnischen Haus. Täglich
wurden mir die besten Weine u: Speisen überschickt.

Anno 1774 wurde ich in dem damals noch Herzogl. Consistorio

auf ein Vicariat examinirt. Bezog über den Christ Ferien ein solches

bey meinem Anverwandten, Herrn Special Kreuscr in Leon-

berg. Gleich nach dem neuen Jahr wurd ich als Vicarius nach

Kl. Gartach bey Brackenheim gesandt, welcher Ort

mir taglebens merckwürdig bleibt; denn erstens wollte mich

der dasige Herr Pfr. M. Pfaff absolute nicht als Vicarius

aufnehmen, weil er wie ich sehe, schon einen Vicarius habe.

(Dieser Vicarius, M. Ziegler wurde suspendirt, u. wurde in der Folge wegen

Schwängerung zweyer Schwestern rejicirt.)

2^{tens} kam ich in nähere Bekanntschaft mit des Gräflich

Neuppergischen Inspector Ehrharts Familie in Schweigern,

mit dessen 2ter Jungfer Tochter ich schon einige Jahre corre-

spondirte, da ich sie bei einer Durchreyse in Urach kennen

gelernt.

3^{tens} ware mein Abschied von dieser Gemeinde für mich

sehr schmeichelhaft. Ich erhielte den Tag zuvor eine Deputation

von dem Senat mit einer Ducate Verehrung, u. der

51

Aõ 1774 wurde ich in dem damals noch Herzogl. Consistorio

auf ein Vicariat examinirt. Bezog über die Christ Ferien ein solches

bey meinem Anverwandten, Hrn Special Kreuser in Lauen-

berg. Gleich nach dem neuen Jahr wurde ich als Vicarius nach

Alt gartach bey Brackenheim gesandt, ~~einen nehmend es~~ welcher Ort

mir Zeitlebens merckwürdig bleibt; Denn nehmend wollte mich

der dasige Herr Pfr M. Pfaff absolute nicht als Vicarius

auf nehmen, weil er, wie ich sehe, schon einen Vicarius haben.

(Dieser Vicarius, M. Ziegler ward suspendirt, u: wurde in

der folge wegen Schwängerung seiner Schwester rejicirt.)

zum kann ich in näheren Bekanntschaft mit des Gräflich

Neuenbergischen Inspector Ehrharts familie in Schwaigern,

mit dessen zweyter Jüngfer Tochter ich schon einige Jahre corre-

spondirte, da ich sie bey einer Durchreise in Urach kennen

gelernt.

zum waren meine Abschied von dieser Gemeinde für mich

sehr schmerzhaft. Ich erhielte den Tag zuvor eine Deputation

von dem Senat mit einer Ducate Verehrung, u: der

Zusicherung: daß, wenn ihre Pfarrei vacant werden würde, mir dieselbe übertragen werden sollte. Herr Amtmann Lindenmayer u. Bürgermeister Schweizer begleiteten mich in einer Chaise mit 4 Schimmeln bis Ludwigsburg u. gaben mir noch ein stattliches Abschieds Essen.

Von dieser Zusicherung an datiert es sich, daß meine Briefe nach Schwaigern nicht bloße Brief Styl Übungen blieben. Im April 1775 wurde ich auf die Pfarrei Oberwälden versandt, da ich aber hörte, daß der dasige Pfarrer schon 2 ihm gesezte Vicarios in übeln Verdacht u. Strafe gebracht habe, so wollte ich mir diese Stelle wegen Mangels an Pastoral Erfahrungen bey meinem Gönner, dem Oberhofprediger Faber verbeten. Es fruchtete aber nicht, nur erhielte ich ein offenes Schreiben: daß, wenn Vorzeiger nicht zu seiner Zufriedenheit behandelt würde, so seye der Pfarrer eo ipso abgeschaft. Ich zeigte dieß Blatt meiner Frau Pfarrerin erst bei meinem friedlichen Abschied, der nach 7. Monaten erfolgte.

52

Zusicherung: daß, wenn schon Pfarrei vacant werden würde,
mir dieselbe übertragen werden sollte. — Herr Amtmann Lindenmayer u: Bürgermeister Schweitzer begleiteten mich ⚓ in
einer Chaise mit 4 Schimeln bis Ludwigsburg u: gaben mir
noch ein stattl: Abschieds essen.

Von dieser Zusicherung an datirt es sich, daß meinen Briefen
nach Schwaigern nicht bloßer Brief Styl übrigen blieben.
Im April 1775 wurde ich auf die Pfarrei Oberwälden
versandt, da ich aber hörte, daß die dasigen Pfarrer schon 2
ihn gesetzte Vicarios in üble Bewachst u: Straf gebracht haben,
so wollte ich mir diesen Stellen wegen Mangels an Pastoral
Erfahrungen bey meinem Götter, dem Oberhofprediger
Faber verbeten. Es fruchtete aber nicht, mir wohlte ich
eine offenes Schreiben: daß, wenn Vorzeigner nicht zu
seiner Zufriedenheit behandelt würde, so sehe die Pfarrei
eo ipso abgeschafft. Ich zeigte dieß Blatt meiner Frau
Pfarrerin noch bei meinem freundlichen Abschied, der
nach 7. Monaten erfolgte.

Den 5ten Nov. 1775 nämlich erhielte ich von der Post in Göppin-

gen durch einen Expressum ein Schreiben von dem Dom Capitel

in Constanz, daß ich mich wegen der vacanten Pfarrei Ulbach

des näheren bei Sr Excellenz, des Würtembergischen Regie-

rungs Präsidenten, Herrn von Gemmingen zu erkundigen

hätte. - des folgenden Tags aber die Nachricht von Schwaigern:

daß ich zum Pfarrer in Ulbach ernannt werden würde,

wenn mir anders diese Pfarrei u. meine bisherige Corre-

spondentin angenehm seyn. Mit Dank gegen die göttl.

Vorsehung übgernahm ich den gedoppelten Antrag; wurde d.

24ten Jan. 1776 auf die Pfarrei Ulbach confirmirt, und

mit meinem unvergeßl. Weib (vergl. p. 61) d. 6te Jun. c. a. daselbst copulirt.

(Dazugefügt: laut Ehebuchs; d. 4ten Jun.)

Unvergeßlich ist mir auch die Liebe, die ich innerhalb 23 Jahren

von dieser Gemeinde genoß. Bey meiner Verbindung erhielte

ich Verehrungen von Eltern, von ledigen Personen u. von

Schulkindern an häuslichen Bedürfnißen, die den Werth von

300 f ausmachten, u. in der Folge 179 ayl Herbsttrunk

des edlen Ulbacher Gewächses. Anno 1781 betrug derselbe

Den 5ten Nov. 1775 nämlich erhielte ich von der Post in Göppin=
gen durch einen Expressum ein Schreiben von dem Dom-Capitul
in Costanz, daß ich mich wegen der vacanten Pfarrei Ulbach
des nähern bei Sr. Excellenz, dem Würtembergischen Regie=
rungs Präsidenten, Herrn von Gmüingen zu erkündigen
hätte. — Des folgenden Tags aber die Nachricht von Schwaigern:
Daß ich zum Pfarrer in Ulbach ernannt werden würde,
wenn nur anders diese Pfarrei u: meine bisherige Corre=
spondentin annehmen sein. Mit Dank gegen die göttl.
Vorsehung übernahm ich den gedachten Antrag; wurde d:
24ten Jan: 1776 auf die Pfarrei Ulbach confirmiert, und
(Cap: Essling: d. 4ten Jun. d: Daselbst)
(weigl. 1761.)
mit meinem unvergeßl: Weib d: 6ten Jun: e.a. copulirt.

Unvergeßl: ist mir auch die Liebe, die ich innerhalb 23 Jahren
von dieser Gemeinde genoß. Bey meiner Verbindung erhielt
ich Verehrungen von silbern, von ledigen Personen u: von
schl. Kindern an häusl. Bedürfnissen, die den Werth von
300 f ausmachten, u: in der folge 174 ayl Herbsthonig
des edlen Ulbacher Gewächses. Anno 1781 betrug derselbe

nur 5 Maas weniger als 13 ayl.

So gerne ich meine Tage bey diser Gemeinde verlebte, so

rieth mir doch väterliche Klugheit u. Liebe von der Vollmacht des

constantzischen Dom Capitels, die in den damaligen politischen Ver-

änderungen ihrem Ende nahe ware, noch zu profitiren, und

mich für einen Tochtermann auf meine Stelle zu verwenden.

Gottlob! ich ware in meinem Gesuch in gedoppelter Rücksicht glücklich, in-

dem nicht nur mein Herr Tochtermann, M. Christian Friederich Gucken-

berger, an meine Stelle ernannt, sondern ich auch auf die

Pfarrei Kl. Sachsenheim befördert wurde. In welchem Ort

ich d. 7. Jun. 1799 mit meiner Familie einzoge. Ich fand

viel abstechendes zwischen dieser u. meiner alten Gemeinde,

u. das Sprichwort: Sunt bona mixta malis bewährte sich hier

mir gantz.

Unter die traurigen Ereigniße meines Lebens u. dieses Orts rechne

ich, daß mir mein liebes Weib nach einem halbjärigen Auf-

enthalt an einem Schleimfieber durch den Tod entrissen

wurde. Sie starb d. 26 Dec. 1799 an einem beigetrettenen Brand.

nur 5 maaß weniger als 13 auf:

So gerne ich meine Tage bey dieser Gemeinde verlebte, so rieth mir doch väterliche Klugheit u: Liebe von der Vollmacht des Costantzischen Dom Capituls, die in dem damaligen politischen Ver: änderungen ihrem Ende nahe waren, noch zu profitiren, und mich für einen Tochtermann auf meine Stelle zu verwenden; gottlob! ich war in meinem Gesuch in ^{in dorsviller} Rücksicht glücklich, in: dem nicht nur mein H. Tochtermann ^{H.} Christian Heindrich Güldenbrogner, an meine Stelle ernaent, sondern ich auch auf die Pfarrei Kl: Vachenheim befördert würde. Zu welchem Ort ich d: 7. Jun. 1799 mit meiner Familie einzog. Ich fand viel abstechendes zwischen dieser u: meiner alten Gemeinde, u: das Sprüchwort: Sunt bona mixta malis bewährte sich hier mir gantz.

Unter den traurigen Ereignissen meines Lebens u: dieses Orts rechne ich, daß mir mein liebes Weib nach einem halbjährigen Auf: enthalt an einem Schleimfieber durch den Tod entrissen würde. Sie starb d: 26. Dec: 1799 an einem ^{hinzugekommenen brand.} Schleimfieber,

Nachdem mich Tags zuvor 2 Ärtzte versicherten: sie seye nun außer Gefahr. Meine Lage ware traurig. Bey meinen 8 Kindern konnte ich kaum, meinen Wünschen angemessene Parthie zur 2ten Verheurathung treffen, u. die mir angetragenen hatten zum Theil selbst Kinder, zum Theil fehlte es ihnen an Bildung des Körpers u. des Geistes, ich bliebe also um so eher Wittwer, als ich schon eine erwachsene u. 2 heranwachsende Töchter hatte.

Not. 10. Meine mir durch den Tod entrissene Ehgattin ware in Stuttgardt d. 10. März 1756 gebohren. Ihr Herr Vater ware dazumal Stall Cassier unter dem Herzog Carl. Wurde aber bey dem damaligen Diensthandel, den ein Director Wittleder leitete, von seiner Stelle ausgekauft, welche ihm zwar in Bälde um Bezahlung weiterer 500 f wieder angetragen wurde, allein der Herr Regierungs Präsident von Gemmingen hatte ihm schon ein einträglicheres Amt bey dem kayserlichen General Feldzeugmeister, Grafen von Neupperg, in Schwaigern verschaft, woselbst er als Inspector - (was im Württembergischen ein Oberamtmann sagen will) angestellt wurde. So angenehm anfänglich diese Stelle für ihn ware, so sehr wurde sie ihm in der Folge verbittert. Er begieng nämlich aus zu vielem Zutrauen zu der Ehrlichkeit

Nach dem mich Tags zuvor ... ...
Gefahr. Meine Lage war traurig, bey meinen Kindern konnte
ich keinen, meinen Wünschen angemessenen ... zur 2ten Ver:
... ... u: die mir ... ... zum Theil selbst
... zum Theil fehlte ... ihnen an Bildung des Körpers u: des
Geistes, ich blieb also um so eher Wittwer, als ich schon nun ...
... u: 2 ... ... Töchtern hatte.

Not. 10.

Meine mir durch den Tod ... ... Gattin war in Stuttgardt
d. 10. März 1756 geboren. Ihr Herr Vater war dazumal Stall
Cassier unter dem Herzog Carl. ... Würde aber bey dem dama:
ligen ... ... Den ... Director Wittleder leitete, von seiner
Stelle ausgekauft, welche ihm zwar in bälden ... Bezahlung
... 500 f wieder angebogen würde, allein der Hl. Regie:
... Präsident von Gemingen hatte ihm schon ein einträg:
liches Amt bey dem Kayserl. General Feldzeugmeister,
Grafen von ... ..., in Schwaigern verschafft, woselbst er
als Inspector – (was im Württenbergischen ein Ober Amtmann
sagen will) angestellt würde. So angenehm anfänglich diese
Stelle für ihn war, so sehr würde ... ihn in der Folge verbittert.
Er beging nämlich aus zu vielem Zutrauen zu der Ehrlichkeit

eines nicht genug geprüften Mannes die Unvorsichtigkeit, eine

Kasse von 60 000 Gulden, meistens in Gold bestehend

zu übernehmen, ohne die überschriebenen Rollen nachgezählt

zu haben, u. so zeigte sich nach einigen Jahren ein Deficit von

6000 Gulden; worüber er von dem Grafen ohne genug-

sames Verhör cassirt wurde. Die Sache kam zu einem Proceß

bey dem kayßerlichen Kammergericht in Wetzlar, der einige Jahre

dauerte; bey welchem aber die Unschuld meines Herrn Schwieger-

vaters deutlich erwiesen, u. dem Grafen befohlen wurde: ihn in

alte Ehre u. Brot einzusetzen.

Nach dem Tod dieses General Feldzeug Meisters kame dessen

Sohn, kayßerlicher Gesandter, zur Regierung; welcher aber so

viele Schulden contrahirt hatte, daß er in Administra-

tion gesetzt wurde, u. einige seiner Beamten zu entlassen sich

genöthiget sahe. unter welchen mein Herr Schwiegervater auch ware.

Beynahe möchte ich sagen: Zu gutem Glück starb einige Jahre zu-

vor meine Frau Schwieger, denn dieser nun alte Mann

muße mit einer geringen Anstellung als Buchhalter, unter

dem Titel eines Kammerraths, vorlieb nehmen und sich sehr

niemals nicht genug gerüsteten Manns die Unvorsichtigkeit, eine
Kaße von 60000 ~~tausend~~ Gulden, meistens in Gold bestehend,
zu übernehmen, ohne die überschriebenen Rollen nachgezählt
zu haben, u: so zeigte sich nach einigen Jahren ein Deficit von
6000 ~~tausend~~ gulden; worüber er von dem Grafen ohne genug=
sames Durchsicht caßirt wurde. Die Sache kam zu einem Proceß
bey dem Kayßerl. Kammergericht in Wetzlar, die einige Jahre
dauerte; bey welchem aber die Unschuld meines H. Schwiegers=
Vaters deutl: erwiesen, u: dem Grafen befohlen wurde: ihn in
alle Ehren u: brod einzuesetzen.

Nach dem Tod dieses General Feldzeugmeisters kam dessen
Sohn, Kayßerlicher Gesandter, zur Regierung; welcher aber so
viele Schulden contrahirt hatte, daß er in Administra=
tion gesetzt wurde, einige seiner Beamten zu entlaßen sich
genöthigt sahen. Unter welchen mein H. Schwieger Vater auch waren.
beynahe möchte ich sagen: zu gutem Glück starb einige Jahre zu=
vor meine Frau Schwieger, dem dieser eine alte Mann
mußte mit einer geringen Anstellung als Buchhalter, unter
dem Titel eines Kammerralßb, vorlieb nehmen und sich selber

behelfen. Er erkrankte bey mir in Ulbach, starb in seinem 70 Jahr
u. liegt daselbst begraben.

Meine Frau Schwieger ware eine Tochter des gewesenen sehr frommen
u. gelehrten Herrn Special Bühlhubers in Urach. Sie gab meiner seel.
Frau eine gute Bildung. So daß sie eine auszeichnet schöne Handschrift
schriebe, meinen ganzen Briefwechsel führte, im Fall überhäufter Geschäfte mir die Personalien bey Sterbfällen ganz zu meiner Zufriedenheit fertigte, ein zuweilen in meinem Haus veranstaltetes
Concert auf dem Flügel accompagnirte etc.

Mit dieser guten, anspruchlosen Gefärtin meines Lebens erzeugte
ich innerhalb 23 Jahren 11. Kinder, nämlich 6 Söhne u. 5 Töchter,
von welchen gegenwärtig noch 4 Söhne u. 4 Töchter am Leben
sind.

Nach diesen vorangeschickten Bemerckungen waren zu Fertigung
eines allgemeinen Stammbaums u. Ludwigischer Familien Geschichte
folgende Geschlechter bis dato vorzuüglich - so weit nämlich meine
Kenntniß reicht - zu bemercken.

1.) Die Ludwigische an sich.

2.) Die Glückische Familie. vide 31.

3.) Die Hoschische. vide p. 38. - Stammbaum p. 66

4.) Die Ehrhartische.

5.) Die Bühlhuberische.

behelfen. Er erkrankte bey mir in Ulbach, starb in seinem 70 Jahr
u. liegt daselbst begraben.

Meine Frau Schwiegerin war eine Tochter des gewesenen sehr frommen,
u. gelehrten H. Special Bühlhübsch in Waiblingen. Sie gab meiner seel:
Frau eine gute Bildung. So daß sie eine ausgezeichnet schöne Handschrift
schreiben, meinen ganzen Briefwechsel führen, im Fall überhäufter Geschäfte mir die Personalien bey Sterbfällen ganz zu meiner Zufriedenheit fertigen, auch zuweilen in meinem Haus veranstaltetes
Concert auf dem Flügel accompagnirte etc.

Mit dieser guten, ausgezeichneten Gefährtin meines Lebens erzeugte
ich innerhalb 23 Jahren 11 Kinder, nämlich 6 Söhne u. 5 Töchter,
von welchen gegenwärtig noch 4 Söhne u. 4 Töchter am Leben
sind.

Nach diesen vorausgeschickten Anmerkungen wäre zu fertigung
eines allgemeinen Stammbaums u. Ludwigischer Familien Geschichte
folgende Geschlechter das dato vorzüglich — so weit nämlich meine
Kenntnis reicht — zu bemerken.

1) Die Ludwigische an sich.
2. Die Glücklische Familie. vide 31.
3. Die Hoffische. vide p. 38. — Stammbaum p. 66
4. Die Eberhartische.
5. Die Bühlhübsche.

Ludwigischer Stammbaum.

Nicolaus Ludwig.
Inrichts Schreiber
in ...
und
Sabina aun Kassa
vium, n. Drucklin
folio 19.

Georg Sebastian
Ludwig.
und
Justina Haasin.
folio. 21.

M. Georg
Christoph Ludwig
und
Maria Dorothea
glücklin.
fol: 27.

M. Johann
Jacob Ludwig
und
Henrietta brigitta
Hosch.
fol: 33.

M. Johann
Jacob Ludwig.
und
auguste Christiana
Ehrhart.
fol: 49.

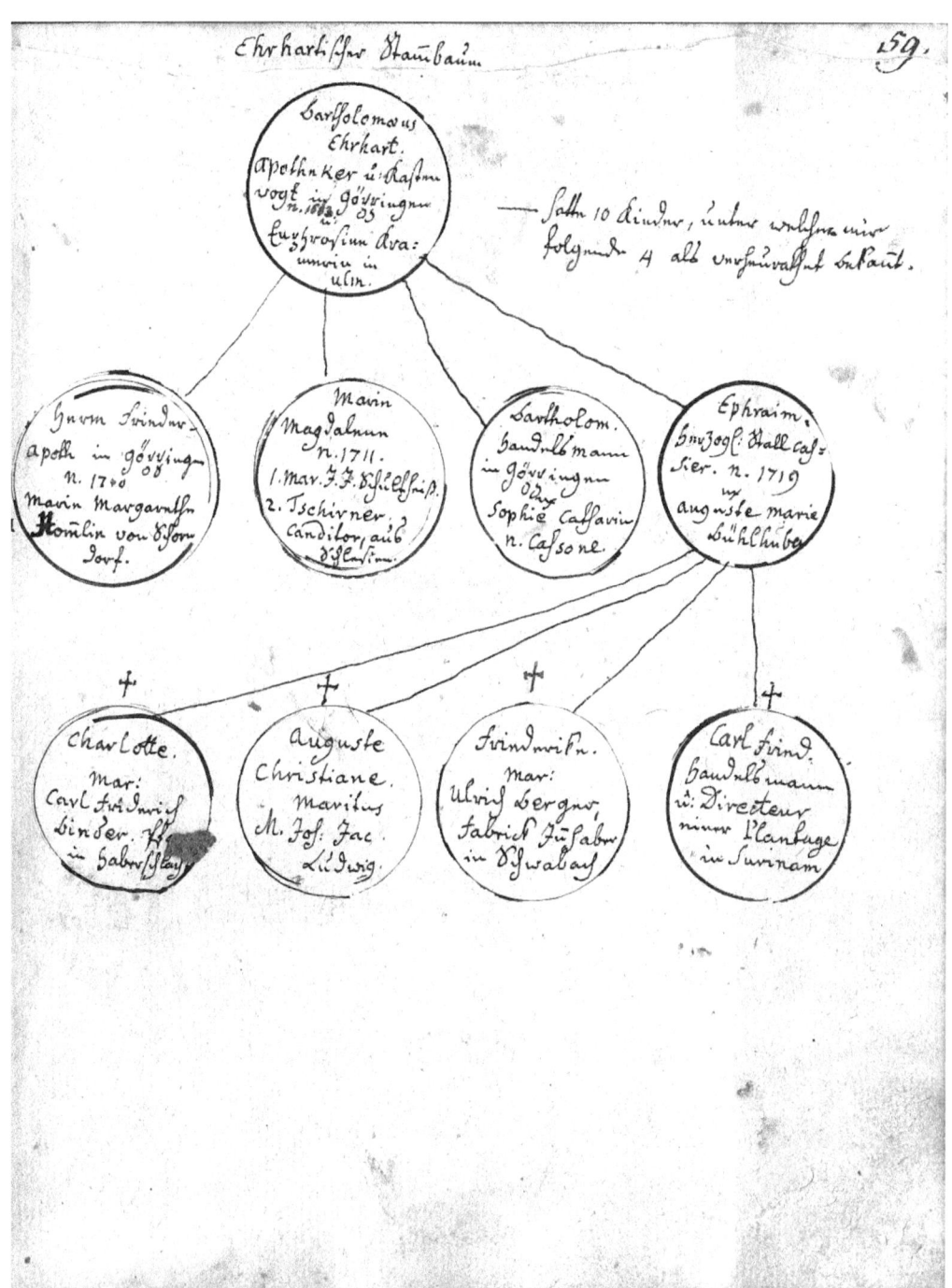

Bühlhuberi Aus Stambaum?

Johann Conrad Remelin Physic: ordinar in Vhornsorf.

M. Georg Bonnonich Reme: lin. Prälat in Murrhart. Juliane Dorothin Henny Majer von Stuttgart.

Juliane Charlotte Reme: lin. Maritus N.N. bühlhuber special in wraÿ.

Marie Auguste bühl huber. marit: Ephraim Ehr: hart.

auguste Christiane Ehrhart. mar: M. J. J. Ludwig

† 14. Jan 1832.

Carl Eberhart august Præcept in Naumburg n: d. 6. Jun: 1777 copul: d. 30 aug: 1804. mit Charl Christian Jacobine Schoen lin. † † 22 Jul: 1818.

†

August fri derich. n. d 30 Jul: 1778. volurato die Ebri bmni in frol. J. Thal. † d. 9 Jan. 1818.

Ludwig u. Ehrhart, ihr Stammbaum.

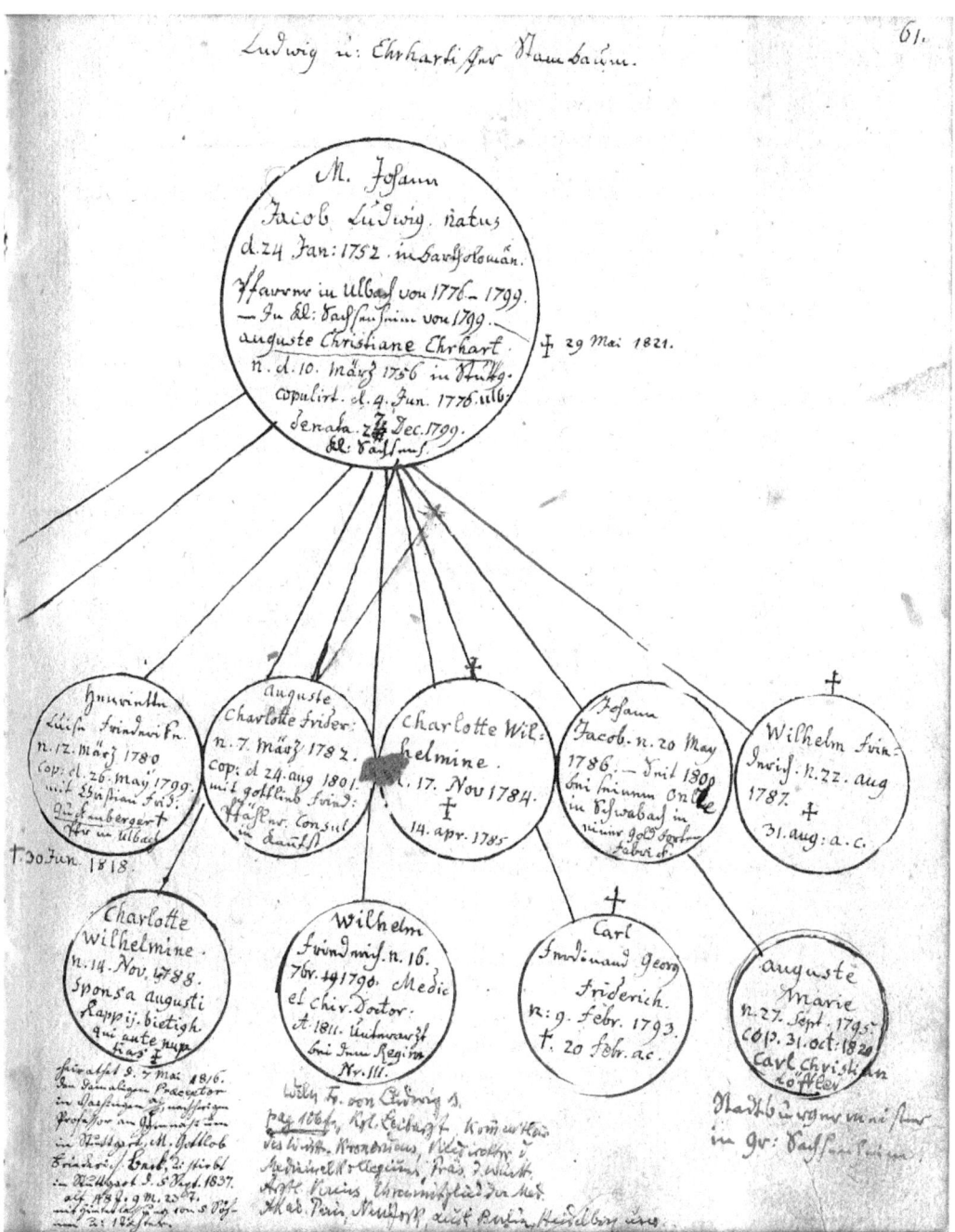

M. Johann Jacob Ludwig. natus
d. 24 Jan: 1752. in Bartholomäu.
Pfarrer in Ulbach von 1776 – 1799.
— In Eßl: Dachsenheim von 1799.
auguste Christiane Ehrhart.
n. d. 10. März 1756 in Stuttg.
copulirt. d. 4. Jun. 1776 u.Ulb.
Senata. d. 4 Dec. 1799.
Eßl. Dachsenh.

† 29 Mai. 1821.

Hyacinthe Luise Friedrike.
n. 12. März 1780
Cop: d. 26. May 1799
mit Christian Frid.
Quickenbergert
offic in Ulbach.
† 30 Jun. 1818.

auguste Charlotte Frider:
n. 7. März 1782.
Cop: d. 24. aug 1801
mit gottleb. Frind:
Haßner Consul in
Zürich.

Charlotte Wilhelmine.
n. 17. Nov 1784.
†
14. apr. 1785.

Johann Jacob. n. 20 May
1786. — Frit 1809
bei seinem Onkle
in Schwabach in
seiner goldschlagerfabrik.

Wilhelm FrinIrwig. n. 22. aug
1787. †
31. aug: a. c.

Charlotte Wilhelmine.
n. 14. Nov. 1788.
sponsa augusti
Rapp ij. bietigh.
qui ante nuptias †
spirabat d. 7 Mai 1816.
den damaligen Praecetor
in Sachsen u. nachherigen
Professor am Gÿmnasium
in Stuttgart. M. Gottlob
Friedrich Bart. 5 Stiebel
in Stuttgart d. 5 Kept. 1837.
auf 1789 9 M. 2 T.
mit hinterlassung von 5 Söhnen. 3. Töchter.

Wilhelm Frindrich. n. 16.
7br. 1790. Medic
et chir.doctor.
A. 1811. Unterarzt
bei Inn Regim
Nr. 111.
Willy fr. von Ludwig s.
pag. 106 fr. Kgl. Leibarzt, Komturkreus
des Wirtt. Kronenordens, Wirkl. rathr. u.
Medicinal.Collegium, Präs. d. Wirtt.
Ärztl. Kreis. Ehrenmitglied der Med.
Akad. Paris. Neuhork. ärztl. Verein Heidelbrg. u.s.

Carl Ferdinand Georg Friderich.
n. 9. Febr. 1793.
† 20 Febr. a c.

auguste Marie
n. 27. Sept. 1795.
Cop. 31. oct. 1820
Carl Christian Löffler
Nachtbrauer meister
in gr. Dachsenheim.

Und nun übergebe ich Feder und Zirckel meinem lieben Sohn,

unter dem Wunsch, daß mein u. der Meinigen

Andenken vor Gott u. Menschen im Seegen bleibe; und unter

der Bemerckung, welche schon Salomo prov. 17,6 machte:

Der Alten Krone sind Kindes Kinder,

und der Kinder Ehre sind ihre Väter

(s. P. 80)

Anmerkungen von mir

Christiana Friedericke Berger

Als A. 1766 meinem lieben seel. Vater der

damaligen königlichen Stallcassier in Stuttgard

sein Dienst auf die höchst ungerechte Art aus-

gekauft wurde, so kam er nachher als

Oberamtman in Graf Neubergische Dienste

nach Schwaigern, und nach

dem ihme dorten abermal A 1770 ihm zu-

gestossene Unglück, und Verwiklung in einen

schweren Process mit semie gedachten Grafen

Und nun übergebe ich Feder u: Zirckel meinem lieben Sohn,
unter dem Wunsch; daß mein und der Meinen u: der Meinigen
Andenken vor Gott u: Menschen im Segen bleiben; und unter
der Bemerckung, welche schon Salomo prov: 17, 6 machte:

Der Alten Krone sind Kindes Kinder,
und der Kinder Ehre sind ihre Väter.
(s. p. 80.)

Anmerckung von mir

Christiana Friedericke Berger

Als A: 1766. meinem lieben Schwiegervater den
damaligen Königl. Rath Caßier in Stuttgard
sein Dienst auf die höchst ungerechte Art ab-
gekaufft würden, so kam er nachher als
Oberamtmann in Graf Neubergische Dienste
als Oberamtmann nach Schorizen, und nachdem ihm dorten abermal A 1770. ihm zu-
gedachtes Unglück, und Verwicklung in einen
schweren Proceß mit seinem gedachten Grafen

kam, so mußte die Famillie, während mein lieber Vatter

zur Betreibung seines Processes, in Wezlar war, bey der Schwester mit leben

mußte, so kam ich A. 1771 zu meiner Mutter Schwester

der damalen noch lebenden Frau Pfarrer Knittlin

in Mittelstatt, dann aber nach Markt Neuendenssling

wo ich 2 Jahr blieb, und da Ao. 1774 mein Vater wieder in sein

alt Ehre und Brod kam, gingen wir zusammen wieder nach Schwaigern,

wo meine 2 Schwestern schon verheyrathet waren, und mein

seel Bruder ging als Holländischer Plantagen Directeur nach Surinam.

A 1889 starb uns unsere gute liebe Mutter, und den Tag

darauf bekam leyder mein Vater von dem sehr verschulde-

ten Jungen Grafen v. Neuberg höchst unbillig sein Abschieds

Decret, wo er dan bey Herrn Minister von Gemingen lebte,

ich mich aber abwechselnd bei meinen zwey Schwestern aufhielt.

Da mir nun mein lieber Vater nicht füglich Unterhalt geben

konnte, so entschloß ich mich in Gottes Namen unter Fremde

zu gehen, und kam A. 1784 nach Franckfurth zu dem berühmten

Herrn Kaufman Catoir, wo ich nur ein Jahr als Haushälterin

standet, und den noch ehren volleren Ruf erhielt, in das sehr

berühmte Geheime Rath von Wiederholdische Haus wiederum

als Haushälterin zu tretten, wo ich acht Jahr blieb, und

noch sehr lange hätte bleiben können. Da wurde ich zu

der Frau Geheime Räthin und Oberhofmeisterin der

kam, so mußte die Familie, während mein lieber Vatter in Wetzler war,
zur Betreibung seines Processes, leyder Hungers mit leben
mußte, so kam ich A: 1771. zu meiner Mutter Schwester
der dermalen noch lebenden Frau Claus Rüttlin
in Mittelstatt, damalen nach Markt Nordendfling
wo ich 2 Jahr blieb, und da A: 1774. mein Vatter wieder in sein
Orth Ehr und Brod kam, gingen wir zusam wieder nach Schweizen,
wo meine 2 Schwestern schon verheyrathet waren, und mein
ältster Bruder ging als Holländischer Platzen Directeur nach Parisem
A: 1789. starb und mußte meine gute liebe Mutter, und den Tag
darauf bekam leyder mein Vatter von dem sehr verschulde
ten jungen Grafen v. Neuberg höchst unbillig sein Abschieds
Decret, wovon das bei Herrn Minister von Greuningen lebe
ich muß aber abwarten biß meine zwey Schwestern unschier
da mir und meinem lieben Vatter nicht länger Unterhalt geben
konnen, so entschloß ich mich in Gottes Nahmen u. unser Freunde
zu gehen, und kam A: 1784. nach Franckfurth zu der berühmt
Herrn Bank von Catoir, wo ich mich unofach als Haußhälterin
anmeld, und den noch Herrn Vollrar ließ erhielt, in das sehr
berühmte Geheime Rath von Wiesenhütisch Haus wieder um
als Haushälterin zu dienen, wo ich ½ Jahr blieb, und
noch sehr lange hätte bleiben können, da wurde ich zu
der Frau Geheimen Räthin und Oberhofmeisterin der

Frau von Jorstner, die eben damals in
Franckfurth bey Ihrer Frau Tochter von
Wisenhütten auf Besufch war, als Jungfer berufen, und mit Ihr 1792 hierher nach Schwabach,
lebte auch mit dieser noch im 84 Jahr stehenden
vortreflichen Dame in bester Eintracht, ja
Liebe und Freundschaft, bis Ao. 1798, wo ich
noch ganz besondere Fügung Gottes, an
mein Vierzigsten Geburtstag mit mein
 noch lebenden Mann/: dermalen 71 Jahr alt/
in seine zweyte Ehe tratt, nehmlich mit dem
Fabrique Verwalter Berger, und solange
Gott will leben werde, dan wir 18 Jahr lang
in der vergnügsten Ehe noch leben, und Gott
der mir so viele vergnügte, aber auch mit
unter traurige Tage in guter und erträglicher
Gesundheit und Leibes und Seelenkräften
/: wofür ich ihme themühtigst danke:/ erhielt, wird
vollends gar gnädig durchhelfen.
Schwabach am Ersten May 1816

Christiane Friederike Berger.
geb. Ehrhart.
Johann Fridrich Berger.

64

Frau von Forstner, die eben damals in
Franckfurth bey Ihrer Frau Tochter von
Wisenhütten auf Besuch war, als Jungfer berufen, und mit Ihr 1792. ziehen nach Sparbach,
lebte auch mit dieser noch im 84 Jahr stehenden
vortrefflichen Dame in bester Eintracht zu
Liebe und Freundschaft, bis A° 1798. wo ich
durch ganz besondere Fügung Gottes, eben
an meinem Dreyzigsten Gebürts Tag mit meinem
noch lebenden Mann /: damalen 73 Jahr alt :/
in seine zweyte Ehe trat, nehme mit der
Fabrique theil an allen Sorgen, und so lange
Gott will Leben wird, den wir 18 Jahr lang
in der Vergnügten Ehe noch leben/ und Gott
der mir so viele Vergnügte, aber auch mit
unter traurige Tage in guter und weniger
Gesundheit und Leibes und Seelen Kräften
/: wofür ich ihm hertzlichst dancke :/ erhielt, wird
vollends gnädig durchhelfen,
Sparbach am Ersten May 1816.

                    Christiane Friderike Treuner.
                    gebl. Ekehart.

              Johann Zilenich Treuner.

Wappen von der 2. Umschlagseite

Hoßhischer Stammbaum.

M. Joh: Michael Hasch Thailfingensis. Decan in Hornberg vom 11. oct 1709 – 7. Febr 1738. † ætat: 80 Jah. conjux. Maria Margaretha.

Marie Magda: Enna. cop. 13. Jun 1713. maritus. M. Conrad Kreuser Diac: in Hornberg Dec: in Cronberg

Margaretha Bar: Bara. cop. d. 24. Febr. 15. maritus Simon Leißlin Antmañ in bremñ?

M. Philips Heinrich. Diac. et Decan. in Hornberg. 1. Eleonora Magdalena Regierungs Rath. Joh: Jacob Beutel. 11. agnete Rosina Kreusers N3.

N3. hatt 13. Kin: Dr. von welchen 4. in der kinde †

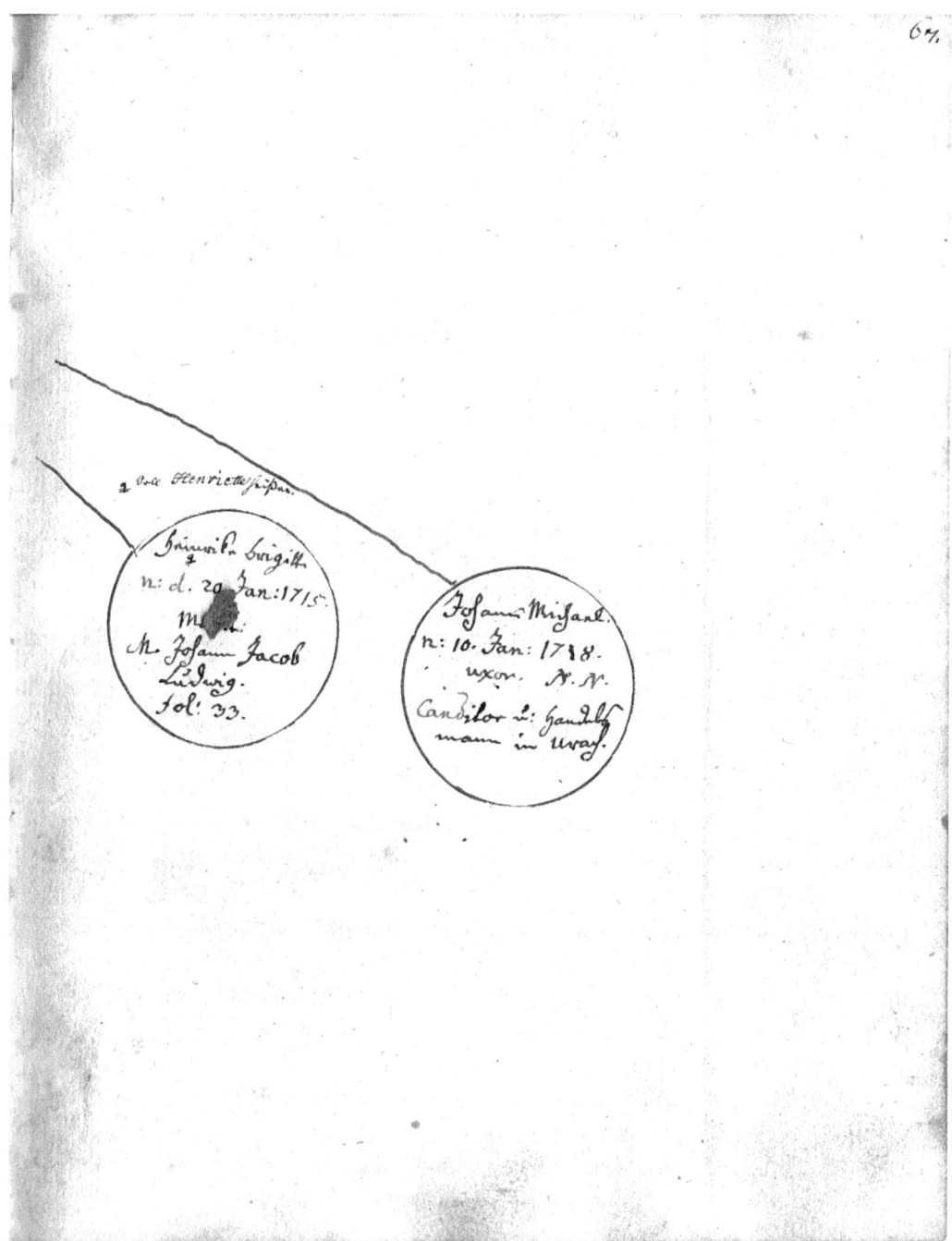

67

Professor Beck in Stuttgart

u. seine Gattin,

Lotte geb. Ludwig,

im Januar 1838.

Es ist höchlich zu bedauern, daß der so wohl gemeinte u.

gut angelegte Plan zu dem Ludwigschen Famili-

en Buche von dem Begründer selbst nicht wie-

ter gefördert u. der Eintrag in dasselbe von

ihm unter dem Andrange vielfältiger Geschäfte

immer verschoben worden ist, bis ihn der Tod

überraschte. Der 1. sel. Papa, oder, wie er

am liebsten von seinen Kindern, die selbst wie-

der Kinder haben, genannt wird, der 1. Groß-

papa hat allein mit ungetheiltem Interesse

einen bedeutenden Beitrag zu demselben

geliefert, und so manche stille Stunde, wovon

ich selbst Augenzeuge war, mit Vorliebe

daran geschrieben. Sein schönes, klares

68

Professor Enck in Stuttgart

an seine Gattin,

Lotta, geb. Ludwig,

im Januar 1838.

Es ist höchst zu bedauern, daß der so wohl gemeinte u: gut angelegte Plan zu dem Ludwigschen Famili-
en buche von dem Begründer selbst nicht wei-
ter gefördert u: der Eintrag in dasselbe von
ihm später dem Andrange vielseitiger Geschäfte
immer verschoben worden ist, bis ihn der Tod
überraschte. Der l. sel. Papa, oder, wie er
am liebsten von seinen Kindern, die selbst wieder Kinder haben, genannt wird, der l. Großpapa hat allein mit ungetheilten Interesse
einen bedeutenden Beitrag zu demselben
geliefert, die manche stille Stunde, wovon
ich selbst Augenzeuge war, mit der lieben
Seinen geschrieben. Sein schönes, klares

Auge ist nun erloschen: sein Haus ist nicht mehr der
Vereinigungspunkt der Geschwister: von diesen sind
zwei edle Häupter dahingesunken, Carl, der
gute, liebe Mann, u. meine theure unver-
geßliche Lotte. Die Liebe u. Achtung gegen
die Vollendeten, besonders die durch Nichts zu stil-
lende Sehnsucht nach der, die das Glück u. die
Wonne meines Lebens war, veranlaßt
während eines Krankheitsanfalls mich, dem sonst
wenig freie Zeit zu Gebot stehet, des Zweckes
des Familien Buches zu gedenken, und vor allem
einen kurzen Lebens Abriß der Gattin, wie
des Gatten hier niederzulegen. Vielleicht
gestattet die Zeit auch noch die Lücke im
Leben des 1. Großpapa, wie die Lebens Geschichte des l. Schwagers Carl und anderer
Glieder der Familie, die sich nicht selbst ein-
tragen, nachzuholen.
Ich, M. Gottlob Friedrich Beck, gegenwärtig
Professor am mittleren Gymnasium in Stuttgart, (geboren in Tübingen d. 28. Sept. 1789)
hatte das Glück, an meinem Vater, Johann
Ulrich Beck, Präeceptor der 2ten Klasse an der

69

Ruge ist sein erloschen; sein Haus ist nicht mehr der
Vereinigungspunkt der Geschwister; von diesen sind
zwei noch Häupter dahingesunken, Carl, der
Gute, biedere Mann, die meine theuren Ander-
geschlecht Lotte. Die Liebe der Achtung gegen
die Vollendeten, besonders die euch Nichts zu stel-
lende Nachsicht meiner, die das Glück so die
Sonne meines Lebens war, veranlasst
während eines Krankheitsfalles mich, den jetzt
wenig [...]zeit zu Gebot steht, des Jammers
der Familie Rücken zu gedenken, die vor Allem
einen kurzen Lebens Abriss der Gattin, wie
des Gatten hier niederzulegen. Vielleicht
gestattet die Zeit auch noch die Lücke im
Leben des l. Großvaters, wie die Lebens Geschichte des l. Schwagers Carl die anderen
Glieder der Familie, die sich nicht selbst ein-
tragen, nach zu holen.

Ich, M. Gottlob Friedrich Beck, gegenwärtig
Professor am mittlern Gymnasium in Stuttgart, (geboren in Tübingen d. 28 Sept. 1789)
hatte das Glück, an meinem Vater, Johann
Ulrich Beck, Präceptor der 2ten Classe an der

anatolischen Schule zu Tübingen, u. in meiner Mutter, Eva Christina, geb. Kraus von Tübingen, Eltern zu besitzen, die durch Unbescholtenheit u. Rechtschaffenheit in allgemeiner Achtung standen u. die sorgfältigste Erziehung ihrer Kinder (es waren ihrer bei dem 1804 erfolgten Tod der 1. Mutter neun am Leben, 2 Söhne u. 7 Töchter) sich zur Hauptaufgabe ichres Lebens machten. Meine Geburt, nachdem 5 Schwestern vorausgegangen waren, erregte nach der oftmaligen Versicherung meiner Eltern um so mehr Freude, als sie 19 Tage vorher durch einen großen Brand der gegenüber von ihrem Hause ausgebrochen war, den tödlichsten Schrecken ausgestanden u. einen empfindlichen Verlust an ihrer Habe erlitten hatten. Frühzeitig entschied ich mich für das Studium der Theologie, durchlief im gehörigen Alter die niederen u. das höhere Seminar, aus welchem ich im Herbst 1812 auf das Vikariat in Mössingen versetzt wurde. Während des 2ten Jahres meines Aufenthalts im Tübinger Seminar verlor ich meinen 1. Vater, u. die Sorge für die Angelegenheiten meiner rathlosen Schwestern nahm anfangs einen bedeutenden Theil meiner Zeit

70

... Schule zu Tübingen, ... an meiner Mutter, Frau Christiana, geb. Kraus von ..., Eltern zu besitzen, die durch Unbescholtenheit u. Rechtschaffenheit in allgemeiner Achtung standen u. die
sorgfältigste Erziehung ihrer Kinder (wovon ihrer
bei dem 1804 erfolgten Tod der l. Mutter noch am
Leben, 2 Söhne u. 7 Töchter) sich zur Haupt-Aufgabe ihres Lebens machten. Meine Geburt, nachdem
fünf Schwestern vorangegangen waren, erregte
nach der oftmaligen Versicherung meiner Eltern um
so mehr Freude, als sie 19 Tage vorher durch einen
großen Brand, der gegenüber von ihrem Hause ausgebrochen war, den tödtlichsten Schrecken aus ge-
standen u. einen unsäglichen Verlust an ihrer
Habe erlitten hatten. Frühzeitig entschied
ich mich für das Studium der Theologie, durchlief im gehörigen Alter die niederen u. das höh-
re Seminar, aus welchem ich im Herbst 1812
auf das Vikariat in Mössingen versetzt wurde. Während des 2ten Jahres meines Aufenthalts im Tübinger Seminar verlor ich meinen l. Vater, u. die Sorge für die Angelegenheiten meiner ratlosen Schwestern nahm
Anfangs einen beträchtlichen Theil meiner Zeit

u. Aufmerksamkeit in Anspruch. Auf meinem 2ten
Vikariate hatte ich das Glück, meine theure Lotte
kennen zu lernen. Ich erhielt nemlich am letzten Tage
des J. 1813 die Anweisung, dem erkrankten Pfarrer
M. Guckenberger in Uhlbach, meinem nachherigen
l. Schwager, zuzueilen, traf d. 3. Jan. 1814 daselbst ein, wohin einige Tage zuvor die l. Lotte
von Sachsenheim aus zum Beistand der Schwester
Luise gerufen worden war. Ich verweilte 3 Monate in Uhlbach, und der Bund unserer Herzen war
geschlossen. Die Vikariate, die ich nachher noch zu
beziehen hatte, waren alle so günstig gelegen, daß
keines mich zu weit von meiner Braut entfernte,
u. ein lebhafter Briefwechsel mußte uns die Tage
u. Wochen der Trennung ersetzen helfen. Den 25
Apr. 1816. übernahm ich das Präceptorat in Vaihingen a. E. u. a. 7. Mai desselben Jahres wurden
wir in Kl. Sachsenheim durch Schwager Guckenberger ehlich verbunden, da der l. Vater sich für die
rührende Handlung nicht Fassung genug zutraute.
Meine l. Gattin, Charlotte Wilhelmine, geb. Ludwig, geboren in Uhlbach d. 14 Nov. 1788. (s. p. 61)
brachte ihre Kinderjahre in dem freundlichen Uhlbach
zu, welchem Orte sie immer mit der wärmsten Zuneig-
ung anhieng. In ihrem elften Jahre zog sie mit den
Eltern nach Kl. Sachsenheim, verlor aber schon nach einem

71

... Aufmerksamkeit in Anspruch. Auf meinem zweiten
Vikariate hatte ich das Glück, meine theure Lotta
... zu lernen. Ich erhielt nämlich am letzten Tage
des J. 1813 die Anweisung, den erkrankten Pfarrer
M. Gückenberger in Aschbach, meinem nachherigen
l. Schwager, zuzueilen, trat d. 3 Jan. 1814 daselbst ein, wohin einige Tage zuvor die l. Lotta
von Naßenheim aus zum ... der Schwester
... gerufen worden war. Ich verweilte 3 Monate ... Aschbach, da der Bund unserer Herzen war
geschlossen. Die Vikariate, die ich weiter noch zu
beziehen hatte, waren alle so günstig gelegen, daß
keines mich zu weit von meiner Braut entfernte,
... ein lebhafter Briefwechsel möchte und die Tage
... Wochen der Trennung verkürzen halfen. Den 25
Apr. 1816 übernahm ich das Predigtamt in Nai-
hingen ..., ... d. 7 Mai desselben Jahres wurden
wir in Kl. Naßenheim durch Schwager Gückenberger ehelich verbunden, da der l. Vater sich für die
... Handlung nicht Fassung genug zutraute.

Meine l. Gattin, Charlotte Wilhelmine, geb. Ludwig, geboren in Aschbach d. 14 Nov. 1788. (f. p. 61.)
brachte ihre Kinderjahre in dem freundlichen Aschbach
zu, welchem Orte sie immer mit der wärmsten Zuneig-
ung anhang. In ihrem achten Jahre zog sie mit den
Eltern nach Kl. Naßenheim, verlor aber ihre nachmaligen

halben Jahre ihre Mutter, in einem Alter, wo sie der Leitung derselben u. ihre Mitwirkung zur weiteren Ausbildung
am meisten bedurft hätte. Die Stelle derselben mußte die
damals erst 17jährige Schwester Rike, die aber noch
1½ Jahre am elterlichen Hause blieb, u. besonders eine vieljährige treue Magd u. Haushälterin, Anna Maria Maier,
(sie starb 1828 über 70 Jahre alt im Hause der Schwester
Gustel Löffler in Gr. Sachsenheim) übernehmen. Ihre
trefflichen Anlagen machten es ihr auch leicht, selbst bei
unvollkommenem Unterrichte, in der Haushaltungskunst
u. in weiblichen Fertigkeiten sich so auszubilden, daß
sie bei der nachherigen Übernahme einer weitläufigen u. eben darum Geschick u. Erfahrung fordernden
Haushaltung unter ihren näheren Bekannten allgemein für ein Muster galt.

Ausgezeichnet an Geist u. Herz, zwar ohne glänzende
Schulkenntnisse, aber durch Lektüre u. Umgang in reiferen Jahren
gebildet, mit einem trefflichen Gedächtnisse ausgestattet, fähig, ihre Gedanken leicht u. natürlich auszudrücken u. niederzuschreiben, weßwegen sie als Correspondentin sehr beliebt war; von einer unverfälschten
Wahrheitsliebe u. einer natürlichen Herzens Güte,
die ihr das Wohlwollen eines Jeden gewann, der ihr
näher trat; von einer unerschütterlichen Treue gegen ihren
Gatten, dem sie sich ganz hingab, dessen Wünsche sie belauschte,

selben Jahre ihre Mutter, in einem Alter, wo sie der Leitung derselben u. ihrer Mitwirkung zur weiteren Ausbildung am meisten bedürft hätten. Die Stelle derselben mußte die damals erst 17 jährige Schwester Rike, die aber nur noch 1½ Jahre im elterlichen Hause blieb, u. besonders eine vieljährige treue Magd u. Haushälterin, Anna Maria Mainz, (sie ⬛ 1828 über 70 Jahre alt im Hause der Schwester Gättel Löffler in Gr. Bischesheim) übernehmen. Ihre trefflichen Anlagen machten es ihr auch leicht, selbst bei unvollkommenem Unterrichte, in der Haushaltungskunst u. in weiblichen Fertigkeiten sich so auszubilden, daß sie bei der nachherigen Übernahme einer weitläufigen u. aber schweren Geschäft u. Erziehung fordernden Haushaltung unter ihren näheren Bekannten für allgemein für ein Muster galt. †

Ausgezeichnet an Geist u. Herz, zwar ohne glänzende Schulkenntnisse, aber durch Lektüre u. Umgang in reiferen Jahren gebildet, mit einem trefflichen Gedächtniß ausgestattet, fähig, ihre Gedanken leicht u. natürlich auszudrücken u. niederzuschreiben, weswegen sie als Correspondentin sehr beliebt war; von einer unverfälschten Wahrheitsliebe u. einer natürlichen Herzensgüte, die ihr das Wohlwollen eines Jeden gewann, der ihr näher trat; von einer unerschütterlichen Liebe gegen ihren Gatten, dem sie sich ganz hingab, dessen Wünsche sie belauschte, in dessen Sinn sie so oft, auch mit Unterordnung ihrer Ansicht, eingieng, von einer innigen Zärtlichkeit u. aufopfernden Mutterliebe gegen die Ihrigen, voll dankbaren Gefühls gegen Alle, die ihr wohlwollten u. Gefälligkeiten erwiesen, ja es unerträglich findend, wenn ihr die Gelegenheit benommen war, ihren Dank darlegen zu können; im Grunde ihres Herzens religiös gestimmt, wie wohl über die ernsten Angelegenheiten der Religion selten sich äussernd u. lieber den Mitteilungen anderer zuhörend, daher eine fleissige Kirchgängerin u. bei feierlichen religiösen Handlungen voll wahrer Andacht. Voll unermüdeter Tätigkeit, bei der es ihr gelang, in kurzer Zeit viel u. gleichsam unbemerkt zu arbeiten; dabei in solchem Grade gefällig, heiteren Geistes u. daneben heitere Gesellschaft aufsuchend, deßwegen bei Freunden u. Freundinnen überall u. immer willkommen; mit jenem leichten Sinne u. frohen Lebens Muthe ausgestattet, der sich in jede Lage zu finden, auch dem Schweren u. Drückenden noch seine gute Seite abzugewinnen weiß; in ihren jüngeren Jahren durch Wohlgestalt u. Liebreiz ihren älteren Schwestern gleichkommend, u. noch nach ihrer Blüthezeit durch ihren leichten, gewandten Gang, ihre flinken Bewegungen, ihre regelmäßigen Gesichtszüge, ihr geistreiches Auge den Adel ihrer Natur kund gebend - dieß ist das ungeschmeichelte, treue Bild ihres liebenswerthen Innern u. Äussern.

Kein Wunder, daß bei solchen Vorzügen sie nicht lange unbegehrt blieb. Schon in ihrem 16ten Jahre war sie die Verlobte eines wackern, jungen Mannes des Forst Candidaten August Rapp (Sohn des Kameralverwalters) in Bietigheim, dessen von Lotte treu aufbewahrten Briefe von der Reinheit seiner Gesinnung zeugen. Er starb aber früh, wenn ich nicht irre, ein Jahr nach

der Verlobung an der Auszherung, den Schmerz der ge-
täuschten Hoffnung der Braut zurücklassend. Andere
spätere Heirathsanträge sagten ihr nicht zu, sie theilte
ihre Zeit zwischen ihrem Vater u. der Besorgung
seiner häuslichen Angelegenheiten, u. zwischen ihren
verheiratheten Schwestern in Uhlbach u. Cannstatt
u. ihrem Bruder in Neuenbürg, an welchem Orte viele gesellige Freuden genossen zu haben sie oft
rühmte.

Unsere 21jährige Ehe war glücklich und die gewöhnlichen Zufälle des menschlichen Lebens abgerechnet, von
wenig Widerwärtigkeiten getrübt. Wir übernahmen
bei unserem Aufzuge in Vaihingen die für beide nicht
leichte Aufgabe, eine Anzahl junger Leute (gleich in
den ersten Wochen waren es 5, in der Folge immer 12
bis 18) zur Verpflegung u. Erziehung ins Haus aufzunehmen. Dadurch wurde die Sorgen u. Arbeiten
der Hausmutter bedeutend gesteigert, u. als Jahr
für Jahr kleine Kinder hinzukamen, mußte ich für
die Gesundheit meiner l. Frau bei zu großer Anstrengung
fürchten, weßwegen Gehülfinnen von Zeit zu Zeit angenommen, von der thätigen Hausmutter aber immer wieder
bald als überflüssig entlassen wurden. Ein Magen
Uebel, das oft ein Jahr lang ruhen konnte, verfolgte sie
von ihrem 14ten Jahre an u. brachte ihr manche Leiden.
Sonst genoß sie lange Zeit einer trefflichen u. ausdauern-
den Gesundheit. Dreizehn schöne Jahre brachten wir in

74

Vaihingen zu, und verließen es, bei meiner im Sommer
1829 erfolgten Ernennung zum Prof. a. mittl. Gymnasium
in Stuttgart, unter dem Nachrufe unserer herzlichen vielen
Vaihinger Freunde mit Wehmuth d. 12. Okt. desselben
Jahr's. Hier in Stuttgart wartete Krankheit auf uns.
Wir beide wurden nacheinander vom Schleimfieber be-
fallen, Lotte litt an Magenweh, an Ausschlägen, an
Husten, mich legte 1836 ein Gichtanfall 4 Monate aufs
Krankenlager. Im Frühjahr 1837 grassierte hier die
Grippe, ergriff d. 10. März auch meine theure Lotte u.
erschütterte ihre zuvor schon angegriffene Gesundheit so
sehr, daß sie nach 6 monatlichem Krankenlager
von einer unheilbaren Auszehrung ergriffen, in den letzten
2 Monaten unter herben Leiden, endlich erlag d. 5. Sept
1837. Rührend war ihre Ausdauer u. Geduld, ihre immer sich
gleich bleibende Liebe u. Fürsorge für Alle, die sich ihr
näherten, erhebend ihr immer schöner leuchtender Glaube
u. ihr Vertrauen auf Gott u. ihren Heiland, erbaulich ihre
Fassung bei der Gewißheit ihres nahen Todes u. bewun-
dernswürdig die Festigkeit, mit der sie jede ihr un-
nötig erscheinende Hülfe u. Erleichterung, wie z. B. Wachen bei
Nacht, bis zur letzten Nacht, wo sie ihrem Gatten gestattete,
um sie zu bleiben, ablehnend, den letzten Atemzuge
mit vollem, klarem Bewußtsein entgegen sah. Sie
verschied, umgeben von ihren Kindern, ihrer Schwester Rike,
ihrem unermüdet treuen Arzte u. Lieblingsbruder Wilhelm
in den Armen ihres Gatten. Lebe wohl, du liebende Seele,
bis zur Wiedervereinigung!

75

Die in unserer Ehe erzeugten Kinder sind:

1) <u>Hermann</u> Eduard, geb. d. 13 März 1817.
        gest. d. 13 Apr. 1817.

2) <u>Lotte</u> Amalie,   geb. d. 14 März 1818.

3) <u>Hermann</u> Eduard, geb. d. 23 Apr. 1819, durch-
  läuft das obere Gymnasium 1833 - 1837, wird in das
  höhere Seminar in Tübingen aufgenommen a. Okt. 1837.

4) <u>Carl</u> Adolf
5) ein totgeborn. Knabe   ⎫   Zwillinge
           geb. d. 29 Apr.
        1820. wird in das niedere Semi-
       nar in Urach aufgenommen i. Okt. 1834

6) <u>Wilhelm</u> Friedrich, geb. d. 25 Jul. 1821; besucht das obere Gymnas. v. Herbst 1835 bis Ostern
  1838.

7) <u>Ernst</u> Moriz, geb. d. 10 Okt. 1822. besucht
  das obere Gymnasium v. Herbst 1836. bis

8) <u>Albert</u> Heinrich, geb. d. 30 Mai 1824.

9) <u>Paul</u> Ferdinand, geb. d. 11 Sept. 1828.
        gest. d. 26. Sept. 1828

die in dieser Ehe erzeugten Kinder sind:

1) Hermann Eduard, geb. d. 13 März 1817.
                       gest. d. 13 Apr. 1817.

2) Lotte Amalie, geb. d. 14 März 1818.

3) Hermann Eduard, geb. d. 23 Apr. 1819., besuchte das obere Gymnasium 1833–1837, wird in das höhere Seminar in Tübingen aufgenommen d. Okt. 1837.

4) Carl Adolf   }   geb. d. 29 Apr.
5) ein todtgebor. Knabe } Zwillinge
                   1820. wird in das niedere Seminar in Urach aufgenommen d. Okt. 1834.

6) Wilhelm Friedrich, geb. d. 25 Jul. 1821., besuchte das obere Gymnas. v. Herbst 1835 bis Ostern 1838.

7) Ernst Moritz, geb. d. 10 Okt. 1822. besuchte das obere Gymnasium v. Herbst 1836. bis

8) Albert Heinrich, geb. d. 30 Mai 1824.

9) Paul Ferdinand, geb. d. 11 Sept. 1828.
                    gest. d. 26 Sept. 1828.

Anmerk. I. Was meine, die Beckschen Voreltern väterlicher
Seits betrifft, so waren diese alle, so weit ich sie
kenne, Bürger von Tübingen, schlichte Handwerks-
leute; der erste durch meines Großvaters, Bemü-
hungen u. Nachforschung aus den Kirchenbüchern nachge-
wiesene war Johannes Beck, Sattler, Fuhrmann,
geb. d. 7 März 1605, verheirathet d. 9 Apr. 1630
mit Anna, Hans Stierlin's, Weißgerbers, Tochter.
Ein älterer Bruder meines Vaters, Eberhard
Philipp, begab sich im J. 1750 als Rothgerber nach
Schleßwig in Holstein, heirathete dort 1756 Johan-
na Friederika, geb. Bruckmann, aus welcher
Ehe zwei Söhne u. zwei Töchter hervorgingen;
auch kam einer der Söhne einmal zum Besuch
nach Tübingen, seit welcher Zeit jedoch Nichts
mehr von dem Schicksale dieser Familie gehört wurde.

Anmerk. II. Von meinen Voreltern mütterlicher
Seits weiß ich Niemand anzuführen, da sonst
nichts aufgezeichnet ist, als meinen Großvater,
Johann David Kraus, Stadt- u. Amts-
zinkmeister in Tübingen. Einer seiner Söhne
erster Ehe, Christian Friedrich, studierte Theologie u. starb 1827 kinderlos als pensionirter

77

Anmerk. 1. Was meine die leibliche, väterlicher Seite betrifft, so waren diese alle, so weit ich sie kenne, Bürger von Tübingen, schlichte Handwerks leute; der erste dieser meines Großvaters Familie ... Nachforschung aus den Kirchenbüchern Nachge... war Johannes Beck, Sattler, Fuhrmann, geb. d. 7 März 1605, verheirathet d. 9 Apr. 1630 mit Anna, Hans Hinzlin's, Weißgerbers, Tochter. Ein älterer Bruder meines Vaters, Eberhard Philipp, begab sich im J. 1750 als Rothgerber nach Schleswig in Holstein, heirathete dort 1756. Johanne Friedrike, geb. Brinkmann, aus welcher Ehe zwei Söhne u. zwei Töchter hervorgingen, auch kam einer der Söhne einmal zum Besuch nach Tübingen, seit welcher Zeit jedoch Nichts mehr von dem Schicksal dieser Familie ge hört wurde.

Anmerk. II. In meinen Voraltern mütterlicher Seite weiß ich Niemand aufzufinden, der sonst Nichts aufgezeichnet ist, als mein Großvater, Johann David Krauß, Markt- u. Amts- ... in Tübingen. Einer seiner Söhne erster Ehe, Christian Friedrich, studirte Theolo gie u. starb 1827 kinderlos als ...

Diakonus von Hornberg bei den Verwandten
in Tübingen. Das einzige Kind zweiter Ehe war meine Mutter, deren Mutter, Magdalene, (geb. d. 13 Juli 1717) eine
Tochter des M. Joh. Adam Osiander, Pfarrer's zu Ober Ifflingen u. zu Möhringen, O. A.
Tübingen, war. Gleichfalls ein Urenkel
dieses meines Urgroßvaters ist der als gelehrter Philolog geschätzte Professor am obern
Gymnasium in Stuttgart, v. Osiander.

Anmerk. III. Noch will ich zwei Worte von meiner
u. meiner Kinder Lage nach dem Tod meiner
1. Gattin sagen. Es war ihr ausdrücklicher Rath
u. Willen auf dem Sterbebette, daß wir von
ihrem Tode keine Veranlassung nehmen sollen, an unseren Verhältnissen Etwas zu
ändern, daß wir also namentlich die bisherige Beschäftigung mit Zöglingen so lange
nicht aufgeben sollen, als uns nicht anderweitige
dringende Umstände dazu nöthigen, was
dann zur Folge haben würde, daß das seit
drei Jahren gekaufte Haus wieder verkauft
werden müßte. Demnach ist bis jetzt, in

78

Diakonus von Herrenberg bis zu [...] in Tübingen. Das einzige [...] Kind zweiter Ehe war meine Mutter, deren Mutter, Magdalena, (geb. d. 13 Juli 1717) eine Tochter des M. Joh. Adam Osiander, Pfarrers zu Ober Eßlingen und zu Mössingen, O.A. Tübingen, war. Gleichfalls ein Urenkel [...] Urgroßvaters ist der als gelehrter Philolog geschätzte Professor am obern Gymnasium in Stuttgart, v. Osiander.

Anmerk. III. Noch will ich zwei Worte über meiner [...] meiner Kinder Lage nach dem Tode meiner l. Gattin sagen. [...] auch [...] [...] den Sterbebette, [...] wir [...] [...] doch keine Veranlassung nehmen sollen, an unserem [...] [...] zu ändern, daß wir also namentlich die bisherige Beschäftigung mit Zöglingen so lange nicht aufgeben sollen, als uns nicht anderweitige dringende Umstände dazu nöthigen, was dann zu Folge haben würde, daß das seit drei Jahren gekaufte Haus wieder verkauft werden müßte. Demnach ist bis jetzt, in

unsern äussern Verhältnissen keine wesentliche
Veränderung vorgegangen. Meine einzige
Tochter, bald 20 Jahre alt, führt die Haushaltung
u. wird darin von zwei treuen, vieljährigen Mägden unterstützt. Da unsere für u. durch
die Zahl u. kostspielge Erziehung u. Ausbildung
unserer Kinder geringen Vermögens Verhältnisse
einen Zusatz zu dem nicht ausreichenden Besoldungs Einkommen unerläßlich machen, so darf
ich sobald nicht daran denken, von den Beschwerden u. Sorgen meines doppelten Berufes mich
zurückzuziehen; vielmehr werde ich, wie meine theure Lotte so oft von sich geäussert u. nun auch an sich
erfahren hat, nur im Grabe Ruhe von den irdischen
Mühen u. im höheren Jenseits durch die Gnade
meines Gottes u. Heilandes das hier vergeblich erstrebte wahre Glück finden.

Beck, Prof.

unseren äußeren Verhältnissen keine wesentliche Veränderung vorgegangen. Meine jüngste Tochter, bald 20 Jahr alt, führt die Haushaltung und wird darin von zwei treuen, vieljährigen Mägden unterstützt. Da unsere für die durch die Zahl der kostspieligen Erziehung und Ausbildung unserer Kinder geringen Vermögens Verhältnisse einen Zusatz zu dem nicht ausreichenden Besoldungs Einkommen unerläßlich machen, so darf ich so bald nicht daran denken, von den Beschwerden der Sorgen meines doppelten Berufes mich zurück zu ziehen; vielmehr werde ich, wie meine theure Lotte so oft von sich geäußert und auch an sich erfahren hat, nur im Grabe Ruhe von den irdischen Mühen und im höheren Jenseits durch die Gnade meines Gottes und Heilandes das hier vergeblich erstrebte wahre Glück finden.

Beck, Prof.

Fortsetzung u. Abschluß der Lebens Umstände
des M. Joh. Jak. Ludwig,
Pfarrer in Uhlbach u. Kl. Sachsenheim.

(s. p. 49)

Der l. Großpapa hat seine Lebensgeschichte uns
bis zum Antritt seines Amtes in Kl. Sachsenheim u. dem ein halbes Jahr darauf erfolgten
Tod der l. Großmutter erzählt. Die übrigen
Jahre seines Lebens verbrachte er unter der
fortdauernden Sorge für die Erziehung u.
Ausbildung seiner Kinder u. unter der be-
ruhigenden Aussicht auf das zeitliche Fortkom-
men derselben, indem er Eines um das An
dre durch Verheirathung oder Anstellung ver-
sorgt sah u. selbst seine jüngste Tochter noch zu
reguliren die Freude erlebte. Körperliche
Beschwerden stellten sich gegen das Jahr 1816
ein, besonders beunruhigte ein Schwindel u. die
Abnahme des Augenlichts. Nichts desto weniger
blieb er bei der gewohnten Thätigkeit u. Lebens Ordnung, besorgte sein Amt, seine ökonomischen Angelegenheiten, seine Correspondenz, u. war der unver-

Fortsetzung d: Geschichte der Lebens Umstände
des M. Joh. Jak. Leisig,
Pfarrer in Aschbach u: Kl. Taschenheim.
(s. p. 49.)

Der l. Großpapa hat seine Lebens Geschichte bis
zum Antritt seiner Stelle in Kl. Taschenheim u: den ein halbes Jahr darauf erfolgten
Tod der l. Großmutter erzählt. Die übrigen
Jahre seines Lebens verbrachte er unter der
fortdauernden Sorge für die Erziehung u:
Ausbildung seiner Kinder u: unter der be-
ruhigenden Aussicht auf das zeitliche Fortkom-
men derselben, indem er eines um das Andere durch Verheurathung oder Anstellung ver-
sorgt sah u: selbst seine jüngsten Tochter noch zu
versorgen die Freude erlebte. Körperliche
Beschwerden stellten sich gegen das Jahr 1816
ein, besonders bemerklich im Schwinden u: in
Abnahme des Augenlichts. Nichts desto weniger
blieb er bei der gewohnten Thätigkeit des Lebens Ordnung, besorgt seine Amt, seine ökonomische Angelegenheiten, seine Correspondenz, u: was der üben-

änderte heitere Gesellschafter, wie früher, bis im
Frühjahr 1821 seine Kräfte schnell sanken, u. er
nach mehrwöchentlichem Krankenlager d. 29 Mai
1821 in den Armen seiner ältesten Tochter Luise,
u. der beiden jüngsten, Lotte u. Gustel, sanft verschied,
in einem Alter von 69 J. 4 Mon. 6 Tagen.

Heitere von Trübsinn u. Schwermuth nie berührte
Lebensansicht, Weltklugheit u. Erfahrung, Scharfsicht
u. schnelle Besonnenheit, Festigkeit des Charak-
ters u. doch Weichheit des Gemühts. Heftiges, den
Leidenschaften nicht fremdes Temperament be-
,zeichnen den würdigen Mann, der bei viel
natürlichem Talent u. trefflichem Gedächtnisse
unter günstigeren Jugend- u. Bildungs Verhältnissen in seinem Kreise ausgezeichnet geworden
wäre, u. bei seinen überlebenden Kindern u.
Enkeln in gesegnetem Andenken steht.

im Jun. 1838.   Beck

[…] seinen Gesellschafter, […] […], bis im
Frühjahr 1821 seine Kräfte schnell sanken, daß er
nach mehrwöchentlichem Krankenlager d. 29 Mai
1821 in den Armen seiner ältesten Tochter, Luise,
[…] der […] jüngsten, Lotte u. Gustel, sanft entschlief,
in einem Alter von 69 J. 4 Mon. 6 Tagen.

[…], von [welchem] die [Physiognomie] [ein] […]
Lebensansicht, [Wahrheitsliebe] u. Erfahrung, [Schärfe]
[…] [schnelle] […], [Festigkeit] des Charak-
ters u. [doch] Weichheit des Gemüths, Heftigkeit, den
Leidenschaften […] […] [Temperament] be-
[…] den [würdigen] [Mann], der bei viel
natürlichem Talent u. […] […]
[…] günstigeren [Zugend?] u. [Bildungs]-Verhält-
nissen in seinem [Kreise] ausgezeichnet geworden
[…], u. bei seinen überlebenden Kindern u.
[Enkeln] in [gesegneten] Andenken [steht].

im Jan. 1838.

Beck.

Die Kinder des M. Joh. Jak. Ludwig,
Pfarrer's in Uhlbach u. Kl. Sachsenheim.
(s. p. 61.)

1) M. Carl Eberhard August Ludwig, Präeceptor in Neuenbürg, Pfarrer in Mühlhausen
a. d. Enz u. in Kornwestheim.

Da er selbst vor seinem für die Seinigen all-
zu frühen Ende nicht mehr dazu kam, seine Lebens Umstände für dieses Familienbuch
aufzuzeichnen, so wird am Schicklichsten hierfür
die Darstellung seines Lebens Gangs benützt,
die er bei seiner Einsegnung als Pfarrer in
Kornwestheim d. 13. Nov. 1825 selbst vortrug
u. schriftlich hinterlassen hat, u. aus welcher das
Wesentliche mit seinen eigenen Worten hier gegeben wird:
(s. beil. Abschrift des Lebenslaufs!)
Ich bin geboren in Uhlbach d. 6 Jun. 1777.
Meine schon längst in dem Herrn entschlafenen Eltern waren pp. In meiner frühesten Jugend
genoß ich den Unterricht meines Vaters. Kaum

die Kinder des M. Joh. Jak. Ludwig,
Pfarrer's in Uffbach u: Kl. Lachenheim.
(s. p. 61.)

1) M. <u>Carl</u> Eberhard August Ludwig, prä-
agtor in Nürnberg, Pfarrer in Mühlhaupt
a. d. Isq u: in Kornweßheim.

Da er selbst von seinem für die Seinigen al
Getreuen hand nicht mehr sehn kann, seine da
baul Umstände für seine Familien buch
Lebzeiten, so wie d am Schiklichsten sehr
die Darstellung seines Lebens Ganges benützt,
die er bei seiner Einsezung, als Pfarrer in
Kornweßheim d. 13 Nov. 1825 selbst vorträg
u: schriftlich hinterlassen hat, u: in welcher des
Lebenslauf mit seinen eignen Worten hier ge
geben sind:

1. beil. Abschrift des Lebenslaufs! Ich bin geboren in Uffbach d. 6 Juni 1777.
Meine schon längst in dem Herrn entschla=
=nen Eltern waren so zu meiner frühesten Jugend
gewöhnt ich den Unterricht meines Vaters. Kam

aber 6½ Jahre alt verließ ich das elterliche Haus u. wurde meinem Groß Onkel, dem Pfarrer M. Knittel in Mittelstadt, zu weiterer Erziehung u. Bildung übergeben. Von da aus kam ich in die Schule des Praeceptor's u. nachmaligen Professor's Roth in Vaihingen a.d. Enz, wo ich 3 Jahre verweilte. Mit diesem meinem treuen Lehrer zog ich in der Folge nach Stuttgart, u. blieb in dem Gymnsium daselbst noch 1½ Jahre bei ihm.

Das letzte halbe Jahr vor meiner Aufnahme in die niederen Klöster hatte ich noch das Glück, den Unterricht des damaligen Pfarrer's in Schmiden, M. Baur, nachmaligen Dekans in Blaubeuren, zu genießen. Von da aus wurde ich in meinem 14ten Jahre i. J. 1791 in das Seminarium Blaubeuren aufgenommen u. 2 Jahre nachher in des Seminarium Bebenhausen befördert, von wo aus ich mich des sorgfältigen Unterrichts des damaligen Professors, M. Hauff, nunmehrigen Dekans in Cannstatt, noch immer dankbar erinnere. Im Jahr 1795 bezog ich die Universität Tübingen, wo ich mich unter der Leitung der damaligen öffentlichen Lehrer den philosophischen u. theologischen Wissenschaften widmete, u. während welcher Laufbahn mir die treue Leitung u. wohlwollende, väter-

über 6½ Jahr alt verließ ich das elterliche Haus. Ich
wurde meinem Groß Onkel, dem Pfarrer M. Kurtz
tel in Mittelstadt, zu weiterer Erziehung u. Bildung
übergeben. Von da aus kam ich in die Schule des
Präzeptors des nachmaligen Professors Roth in Hei-
fingen a. d. Enz, wo ich 3 Jahre verweilte. Mit
diesem meinem treuen Lehrer zog ich in der
Folge nach Stuttgart u. blieb in dem Gymnasium
daselbst noch 1½ Jahr bei ihm.
Das letzte selbe Jahr vor meiner Aufnahme in die
niederen Klöster hatte ich noch das Glück, den
Unterricht des damaligen Pfarrers in Schmiden,
M. Bauer, nachmaligen Dekans in Blaubeuren,
zu genießen. Von da aus wurde ich in meinem
14ten Jahr i. J. 1791 in das Seminarium Blaubeuren aufgenommen u. 2 Jahre nachher in das
Seminarium Bebenhausen befördert, wo ich das
Glück des vorzüglichen Unterrichts des damals-
gen Professors, M. Hauff, nunmehrigen Dekans
in Cannstatt, noch näher derselben wurde. Im
Jahr 1795 bezog ich die Universität Tübingen,
wo ich mich unter der Leitung der damaligen
öffentlichen Lehrer den philosophischen u. theologischen
Wissenschaften widmete, zu während welcher Laufbahn mir die beste Leitung zu vertheilende, späte-

liche Fürsorge des damaligen Ephorus Schmurrer
u. der damaligen Professoren Storr u. Süskind, Flatt
u. Pfleiderer ewig unvergeßlich bleiben wird.
Im Herbst 1799 wurde ich zum Schloßprediger
in Tübingen ernannt, welche Stelle ich aber nur
noch einige Monate versehen konnte. Denn zu
Ende dieses Jahres rief mich der Tod meiner theuren, unvergeßlichen Mutter u. die Kränklichkeit meines Vaters nach Hause u. überhaupt von meiner akademischen Laufbahn auf
immer ab. Kaum aber war ich einige Monate
zu Hause, als ich am 3 Jun. 1800 zum Präceptorat Amts Verweser in Markgröningen
ernannt wurde, nachdem ich im Mai desselben Jahres das Präeceptorat Examen u. bald
darauf das erste theologische Examen in Stuttgart erstanden hatte. Hier widmete ich
mich 4 Jahre lang ausschließlich dem pädagogischen Fache. Von Markgröningen
aus wurde ich am 16 Febr. 1804 zum Präeceptor in Neuenbürg ernannt, wo ich 11
Jahre zubrachte u. neben dem Präceptorat Amte
noch bestimmte kirchliche Geschäfte das Jahr hin-

liche Fürsorge des damaligen ... Schreiner
u. der damaligen Professoren Storr u. ..., ...
u. Schneider mir unvergeßlich bleiben wird.
Im Herbst 1799 wurde ich zum Schloßprediger
in Tübingen ernannt, welche Stelle ich aber nur
noch einige Monate versehen konnte. Zu ...
... dieses Jahres rief mich der Tod meiner theuren, unvergeßlichen Mutter u. die Kränklichkeit meines Vaters nach Hause u. überhaupt von meiner akademischen Laufbahn ab
... ab. Kaum aber war ich einige Monat
zu Hause, als ich am 3 Jun. 1800 zum Präzeptorat Amts Verweser in Markgröningen
ernannt wurde, nachdem ich im Mai desselben Jahres das Präzeptorat Examen u. bald
darauf das erste theologische Examen in Stuttgart bestanden hatte. Hier widmete ich
mich 4 Jahre lang ausschließlich dem pädagogischen Fache. Von Markgröningen
aus wurde ich am 16 Febr 1804 zum Präzeptor in Nürtingen ernannt, wo ich 11
Jahre gebracht u. neben dem Präzeptorat Amt
auch bestimmte kirchliche Geschäfte des Jahrs hin-

durch zu versehen hatte.

Hier verheirathete ich mich, am 30 Aug. 1804 mit
Charlotte Christine Jakobine, der einzigen Tochter
des am 1 Jan 1814 verstorbenen Oberamts Wundarztes
u. Medicinä Practikus Schönlen in Neuenbürg.
Die Vorsehung erfreute mich in dieser Ehe mit 5 Kindern, von welchen aber nach dem Willen Gottes
nur 2 Söhne noch am Leben sind.
Im Febr. 1809 erstand ich das theol. Bedienstungs-
Examen, u. nachdem ich im Ganzen 15 Jahre im
Präceptorat Amte zugebracht hatte, wurde ich am
7 Jun. 1815 zum Pfarrer in Mühlhausen a./E. ernannt.
Während meiner 10 jährigen Amtsführung auf dieser Pfarrei traf mich nach Gottes unerforschlichem
Rathschlusse der Schmerz, daß mir am 22 Jul.
1818 meine treue Gattin, am 27 Dec. 1820 meine einzige Tochter, Fanny Pauline Mathilde,
u. am 29 Mai 1821 mein Vater durch den
Tod entrissen wurden. Ich trat zum zweiten
mal in die Ehe, u. Gott führte mir am 22 Aug.
1819 in meiner nunmehrigen Gattin, Friederike Henrike, des in Mühlhausen am Neckar
verstorbenen Stabs Amtmanns Keppler hinterlasse-

auf ... zu sehen hatte.

Hier verheirathete ich mich am 30 Aug. 1804 mit
Charlotte Christiana Jakobine, der einzigen Tochter
des am 1 Jan. 1814 verstorbenen Oberamts Chirurg(?)gus(?)
zu Medizinä praktikus Schäulen in Würtemberg.
Die Hoffnung ... mich in dieser Ehe mit 5 Kindern, von welchen aber nach dem ... Gottes
nur 2 Söhne noch am Leben sind.
Im Febr. 1809 verstand ich ... Carol. bedienstings-
frauen, die ... ich im Ganzen 15 Jahre im
... Amte zugebracht hatte, ... ich am
7 Jun. 1815 zum Pfarrer in Mühlhausen ... ernannt.
Während meiner 10 jährigen Amtsführung auf dieser Pfarrei traf mich nach Gottes unerforschlichen
Rathschluss der Schwerz, ... mir am 22 Jul.
1818 meine treue Gattin, am 27 Dec. 1820 meine einzige Tochter, Fanny Pauline Mathild,
die am 29 Mai 1821 ... Vater durch den
Tod entrissen würden. Ich trat zum zweiten-
mal in die Ehe, die Gott führte mir am 22 Aug.
1819 zu meiner einwohrigen Gattin, Friederike Hainrike, die in Mühlhausen am Neckar
verstorbenen Stadt Amtmanns Kaggler hinterlasse-

ner Wittwe, einer geborenen Herpprecht, ein
Gehülfin zu, die bis auf diesen Tag Freud u. so
manches Leid treulich mit mir getheilt hat.

Diese 2te Gattin brachte mir aus ihrer ersten Ehe
zwei Söhne mit.

Segnend u. liebevoll war die Hand des Allmächtigen
welche mich so wohl in dieser Ehe, als auch in meiner
ganzen Amtsführung in Mühlhausen a./E. bisher
geleitet hat. Zwar hatte ich mit meiner vorigen
mir ewig theuren Gemeinde manche trübe Schicksale durchzukämpfen, wenn ich nur auf das Theu-
rungs Jahr 1817 und das noch schwerere Über-
schwemmungs Jahr 1824 zurückblicke. Aber der
Herr, der Allgütige, half uns aus jeder Noth;
ich genoß in guten u. in bösen Tagen das unver-
kennbare Zutrauen u. die aufrichtigste Achtung
u. Liebe dieser Gemeinde, hoffe aber auch an
ihr diese 10 Jahre hindurch nicht ohne Segen
gearbeitet zu haben.

Soweit der Vollendete selbst. - In seiner frühen Jugend schon zeichnete er sich durch seine Gutherzigkeit, seine
edle Herzens Einfalt u. liebevolle Gesinnung gegen Je-
dermann aus. Der Mutter Liebe besaß er in vor-
züglichem Grade, diese vergalt er auch mit innigster
Anhänglichkeit, u. in seinen akademischen Jahren glaubte

86

... Wittwe, einer gebornen Harzgraf, eine
Gehülfin zu, die bis auf diesen Tag Freud u. ...
mancher Leid brüderlich mit mir getheilt hat.
Diese 2te Gattin brachte mir aus ihrer ersten Ehe
zwei Söhne mit.

Gepriesen u. liebevoll war die Hand des Allmächtigen,
welche mich sowohl in dieser Ehe, als auch in meiner
ganzen Amtsführung u. ... ... u. bisher
geleitet hat. Zwar hatte ich mit meiner vorigen
... ... Gemeinde manche trübe Schicksale durchzukämpfen, wenn ich nur auf das Theu-
rungs Jahr 1817 u. auf das noch schwerere Noth-
Jahr 1824 zurückblicke. Aber der
Herr, der Allgütige, half aus aus jeder Noth;
ich genoß die guten u. die bösen Tage des Lebens
... ... u. die schmerzlichste Achtung
u. Liebe dieser Gemeinde, hoffe aber auch in
ihr diese 10 Jahre ... nicht ohne Segen
gewirkt zu haben.

Preist der Vollendete selbst. — In seiner frühen Ju-
gend ... ...
... Herzens ... u. liebevolle ...
... ... Der Mutter liebte besonders in vor-
züglichem Grade; diese vergalt er auch mit ...
Anhänglichkeit, u. in seinem akademischen Jahre ...

er - ein gewiß seltenes Beispiel - seine Liebe gegen
die theure Mutter auch dadurch beweisen zu müssen,
daß er Alles, was er an seinen kleinen Einnahmen erspa-
ren konnte, ihr zu beliebiger Verwendung zustellte.
Beim Beginn seiner pädagogischen Laufbahn hatte er
die Freude, seinem jüngsten Bruder, Wilhelm,
durch Erziehung u. Unterricht nützlich werden zu
können, den er auch, bis zu dessen Eintritt in die
chirurgische Laufbahn, in Markgröningen u. Neuenbürg bei sich behielt u. mit Vergnügen erinnern
sich noch die Seinigen, wie beide vom ersteren Orte
aus an jedem freien Tage u. in den gewöhnlichen
Vakanzen dem Vater Hause, auch beim schlimm-
sten Wetter, zuwanderten. Seine in Neuenbürg
geschlossene erste Ehe war nicht so glücklich, als er
erwartet hatte. Seine sonst rechtschaffene Gattin
quälte ihn durch einen unglücklichen Hang zur
Eifersucht, der ihm manche sonst frohe Stunde
im gefälligen Umgang mit Andern verbit-
terte.
In der nicht zahlreich besuchten Schule in Neuenbürg konnte sein pädagogisches Wirken nicht umfangreich sein;
aber daß er redlich u. nach Kräften in seinem Amte
arbeitete, glaubt, wer seine Treue u. seinen beharr-
lichen Fleiß gekannt hat.

87

Seine Versetzung in die Pfarrei Mühlhausen a./E.

brachte ihn seinem alten Vater, wie er schon lange

gewünscht hatte, u. seiner in Vaihingen a./E. verheirathe-

ten Schwester Lotte näher, in deren Haus er

auch seine 2 Söhne zur Erziehung u. zum Unter-

richte in den folgenden Jahren brachte. Hier ver-

lor er seine Gattin u. sah sich genöthigt, eine neue

Verbindung einzugehen, bei der er sich wenigstens

nicht unglücklich zu fühlen schien. Diese Ehe

blieb ohne Kinder. Aber die Vereinigung

von Kindern aus der vorherigen Ehe beider Ehe-

gatten führte manches Unangenehme herbei

u. zeigte in ihren mißlichen Folgen auch

nach dem Tode des Vaters durch Uneinigkeit über

der Theilung der Hinterlassenschaft, an welcher Un-

einigkeit die Ludwigschen Kinder keine Schuld

u. keinen Theil hatten.

Auf der Pfarrei Kornwestheim fing seine durch die

kostspielige Erziehung u. Ausbildung der beiderseitigen

Kinder u. durch Verlust an dem Vermögen seiner

verstorbenen Gattin eine Zeitlang bedrängte öko-

nomische Lage an, etwas sorgenfreier zu werden,

seine Kinder bedurften, bald fast keiner Unterstützung

mehr, seinem beschwerlichen Amte fühlte er sich immer mehr

gewachsen, er war in einer freudigen u. gesegneten Thätigkeit: da rief ihn unerwarthet der Tod ab.

Ein anfangs nicht sehr bedeutend scheinendes Erkranken von wenigen Tagen, von welchem er sich schon wieder erholt zu haben schien, so daß seine Schwester Luise u. sein Schwager Beck ihn bei ihrem Besuche ausserhalb des Betts mit den Seinigen am Tische sitzend trafen u. mit Beruhigung verließen, führte noch an nemlichen Abend, wenige Stunden, nachdem sie ihn verlassen hatten, unerwartet seinen Tod herbei, in Folge einer Herz-Verknöcherung d. 14 Jan 1832. Er hatte ein Alter von 54 Jahren, 7 Monaten, 7 Tagen erreicht.

Anmerk. I. Seine beiden hinterlassenen Söhne sind
1) Carl Theodor Emil, geb. in Neuenbürg den 2 März 1809, Apotheker in Rosenfeld, verheiratet d. 11 Sept. 1836 in Urach mit Adelheid, Tochter des Speismeisters u. Musiklehrers daselbst, Büxenstein.
2) Theodor, geb. in Neuenbürg d. 30 Apr. 1811, Notariats Assistent (1839 in Unterweissach).

Während der Minderjährigkeit beider übernahm nach des Vaters Tode der Oheim Beck die Stelle eines

geriethen, er war in einer freudigen Bürgerpflicht
Thätigkeit: da riss ihn ... der Tod aber
ein anfangs nicht sehr bedeutend scheinendes Erbrechen
von wenigen Tagen, von welchem er sicher
... erholt zu haben schien, so daß seine Schwester
... und seine Schwager bald ihn bei ihrem ...
außerhalb des ... mit den ... am Tische
... trafen ... mit ... verließen,
führte noch an ... Abend, wenige Stunden, nachdem sie ihn verlassen hatten, ... an-
... seinen Tod herbei, in Folge einer Herz-
... d. 14 Jan. 1832. Er hatte ein Alter
von 54 Jahren, 7 Monaten, 7 Tagen erreicht.

Anmerk. 1. Seine beiden hinterlassenen Söhne sind
1) Carl Theodor Emil, geb. in Naumburg den
  2 März 1809, Apotheker in Rosenfeld, verheirathet d. 11 Septbr. 1836 in Roth mit Adelheid, Tochter des ... ... daselbst, Bürgerstein,

2) Theodor, geb. in Naumburg d. 30 Apr.
  1811, Notariats Assistent (1839 in Unter Weis-
  bach).

Während der Minderjährigkeit beider übernahm nach
des Vaters Tode der Sohn ... die Stelle eines

Vormunds, der ihr Vermögen bis zum Jahre 1836 verwaltete.

Anmerk.II.

Die Eltern der ersten Carl Eberhard Ludwigschen Gattin, Charlotte Christiana Jakobine, geb. Schönlen, waren Jakob Gottlieb Schönlen, geb. den 6 März 1757, Feldpfarrer bei einem preussischen Infanterie Regimente, Operateur, Oberamts-Wundarzt u. Gerichts Verwandter in Neuenbürg, u. Katharina Christine Maria, geb. d. 16 März 1750, Tochter des Laurentius Friedrich Herning aus Molchow in Mecklenburg Schwerin u. der Anna Dorothea, geb. Gutschmid. Die Kinder aus dieser im J. 1781 geschlossenen Ehe (der Gatte starb d. 1 Jan 1814, die Gattin den 7 März 1803) sind

1) Charlotte Christiane Jakobine, geb. d. 5 Apr 1782, gestorb. d. 22 Jul 1818.
2) Friedrike Wilhelmine Auguste, gebor. d. 11 Jun. 1783, gestorb. in demselben Jahre.

Im Febr. 1839   Beck

90

Vormünde, die ihr Vermögen bis zum Jahr 1836
verwaltete.

Anmerk. 11.

Die Eltern der ersten Carl Christoph Ludwig'schen
Gattin, Charlotte Christiana Jakobina, geb. Schöne,
waren Jakob Gottlieb Schöne, geb. den
6 März 1757, Feldscheer bei einem französi-
schen Infanterie Regimente, Operateur, oder ... ...
... der Gerichte verwandter in Naumburg,
u: Katharina Christiana Maria, geb. d. 16 März
1750, Tochter des ... u: d. Friedrich Heu-
ning aus Molchow in Meklenburg Schwerin u: d. ... Dorothea, geb. Gutschmied.
Die Kinder d... ... u: J. 1781 geschlossenen Ehe
(der Gatte starb d. 1 Jan. 1814, die Gattin den
7 März 1803) sind

1) Charlotte Christiana Jakobina, geb. d. 8
Apr. 1782, gestorb. d. 22 Jul. 1818.

2) Friederike Wilhelmina Auguste, geboren
d. 11 Jun. 1783, gestorb. in demselben Jahre
im Febr. 1839.　　　　　　　　　　Beck.

_____

Die Kinder des M. Joh. Jak. Ludwig,

Pfarrer's in Uhlbach u. Kl. Sachsenheim.

(s. p. 61. 82)

2) <u>August</u> Friedrich Ludwig, geb. in Uhlbach
d. 30 Jul. 1778. Nicht alle Kinder rechtschaffner Eltern gerathen gleich gut. In seiner frühen Jugend schon
mußte um seine Störrigkeit u. Trägheit willen oft
zu ungewöhnlich strengen Strafen vom Vater geschrit-
ten werden. Er erlernte die Schreiberei u. arbeitete nachher an verschiedenen Orten als sogenannter
Substitut oder Schreiberei Gehülfe, nirgends aber gelang
es ihm, eine bleibende Stätte zu erhalten. Phleg-
matisches Wesen u. Trunksucht, Haltungs u. Grund-
satzlosigkeit, Arbeitsscheu u. Leichtsinn, der jedoch
oft durch Äusserungen natürlicher Gutmüthig-
keit gemildert wurde, liessen ihn allmählig immer
tiefer sinken. Geschäftslos u. unfähig, sein Brot
zu erwerben, starb er bei seinem Bruder
Carl in Mühlhausen a. d. Enz. d. 9
Jan. 1818.

im März 1839.   Beck.

die Kinder des M. Joh. Jak. Ludwig,

Pfarrer's in Ußbach u. AG. Baßhofen.

(f. p. 61. 82.)

2) August Friedrich Ludwig, geb. in Ußbach
d. 30 Jul. 1778. Nicht alle Kinder rechtschaffener Eltern gerathen gleich gut. Je seiner frühen Jugend schon
mußte um seiner Störrigkeit u. Trägheit willen oft
zu ungewöhnlich strengen Strafen vom Vater geschrit-
ten werden. Er erlernte die Schreiberei u. arbeitete nachher an verschiedenen Orten als sogenannter
Rechtsstätt oder Schreiberei Gehülfe, nirgends aber gelang
es ihm, eine bleibende Stätte zu erhalten. Pflag-
matisches Wesen u. Kranklahe, Haltungs u. Grund-
satzlosigkeit, Arbeitscheu u. Leichtsinn, die jedoch
oft durch Anwandlungen natürlicher Gutmüthig-
keit gemildert wurde, ließen ihn allmählig immer
tiefer sinken. Geschäftslos u. unfähig, sein Brod
zu erwerben, starb er bei seinem Bruder
Carl in Mühlhausen a. d. Lay d. 9.
Jan. 1818.

im März 1839.   Beck.

Die Kinder des M. Joh. Jak. Ludwig,

Pfarrers in Uhlbach u. Kl. Sachsenheim.

(s. p. 61. 82. 91)

3) Henriette Luise Friederike Ludwig, geb. in
Uhlbach d. 12 März 1780.
Sie hatte das besondere Glück, das elterliche Haus,
in welchem sie an der Hand der liebenden Mutter
aufwuchs, auch nach ihrer Verheirathung nicht verlassen
u. in dem geliebten Uhlbach noch viele glückliche Jahre
verleben zu dürfen. Ihre d. 26 Mai 1799 mit
M. Christian Friedrich Guckenberger (s. p. 54)
geschlossene Verbindung gab der Familie die
frohe Aussicht, den liebgewonnenen vieljährigen Aufenthalts Ort, den Geburtsort aller ihrer Kinder, den
sie jetzt mit einer neuen Heimath (Kl. Sachsenheim)
vertauschen sollte, noch immer als ihr angehörig
ansehen zu dürfen, was auch in der ganzen Folge-
zeit durch unausgesetzte Verbindung zwischen dem
Stamm u. den Zweigen der Fall gewesen ist.
Ihre 19jährige Ehe war nur mit einem Kinde,
Luise Albertine, geb. d. 26 Okt. 1805, gesegnet,
auf welches sich die ganze Zärtlichkeit u. Sorge
der Eltern u. insbesondere der Mutter in

92

Die Kinder des M. Joh. Jak. Ludwig,

Pfarrers in Ußbach u. Kl. Saßenheim.

(s. p. 61. 82. 91.)

3) Henriette Luise Friederike Ludwig, geb. in
Ußbach d. 12 März 1780.

Sie hatte das besondere Glück, das elterliche Haus,
in welchem sie an der Hand der lieben Mutter
erwuchs, auch nach ihrer Verheirathung nicht verlaßen
u. in dem geliebten Ußbach noch viele glückliche Jahre
verleben zu dürfen. Ihre d. 26 Mai 1799 mit
M. Christian Friedrich Gückenberger (s. p. 54)
geschloßene Verbindung gab der Familie die
frohe Aussicht, den liebgewordenen vieljährigen Auf-
enthaltsOrt, den Geburtsort aller ihrer Kinder, den
sie jetzt mit einer neuen Heimath (Kl. Saßenheim)
vertauschen sollten, noch immer als ihr angehörig
ansehen zu dürfen, wie auch in der ganzen Folge-
Zeit durch zurückgesetzte Verbindung zwischen den
Ihren u. den Ihrigen der Fall gewesen ist.

Ihre 19 jährige Ehe war nur mit Einem Kind,
Luise Albertina, geb. d. 26 Oct. 1805, gesegnet,
auf welches sich die ganze Zärtlichkeit u. Sorge
der Eltern u. insbesondere der Mutter u.

einem Grade vereinigte, der den unbefangenen
Beobachter für die Zukunt nicht ohne Grund besorgt
machte.

Der Gatte, <u>Christ</u>. Friedrich <u>Guckenberger</u>, geb. in Stuttgart d. 9 Dec 1763, Sohn des dortigen Gastgebers
zum rothen Hause (vieljähr. geistlichen Herberg Vaters),
besuchte in seiner Jugend die Schulanstalten seiner Vater Stadt u. wurde von da zum Studium
der Theologie in das Seminar nach Tübingen
aufgenommen, wo er unter 30 Compromotionalen
seinen Kenntnissen gemäß den 8ten Platz einnahm.
Nach Beendigung seiner akademischen Laufbahn
1786 erhielt er den Auftrag, als Vikar mit dem
Pfarrer in Zavelstein die pfarramtlichen Ver-
richtungen in dem Bade zu Teinach während der
Kurzeit zu theilen; von hier aus folgte er dem
an ihn ergangenen Rufe, die Stelle eines
Schloßpredigers in Tübingen zu über nehmen,
worauf er zuerst als Seniorats Vikar nach Heilbronn
geschickt u. sodann in seine Vaterstadt zurückberufen wurde, um an den dortigen Kirchen zur
Aushülfe gebraucht zu werden. So brachte er 13
Jahre der Vorbereitung auf das Pfarr Amt
zu, das er Anfang Juni 1799 übernahm. Neun-

einem Grade vermindert, der den unbefangenen
Beobachter für die Zukunft nicht ohne Grund besorgt
machte.

Der Gatte, Christ. Friedr. Gückenberger, geb. in Röth-
gard d. 9 Dec. 1763, Sohn des dortigen Gastgebers
zum ersten Hause (vieljähr. geistlichen Herberg Vaters),
besuchte in seiner Jugend die Schulanstalten seiner Vaterstadt u. wurde von da zum Studium
der Theologie in das Seminar nach Tübingen
aufgenommen, wo er unter 30 Compromissionalen
seiner Kreistische gemäß den 8ten Platz einnahm.
Nach Beendigung seiner akademischen Laufbahn
1786 erhielt er den Auftrag, als Vikar mit dem
Pfarrer in .... die pfarramtlichen Ver-
richtungen in dem Bad zu .... während der
Kurzeit zu theilen; von hier aus folgte er dem
an ihn ergangenen Rufe, die Stelle eines
Schloßprediges in Tübingen zu übernehmen,
worauf er später als Prioratsvikar nach Heilbronn
geschickt ...... in seine Vaterstadt zurückberufen wurde, um an der dortigen Kirche zur
Aushilfe gebraucht zu werden. Da brachte er 13
Jahre der Vorbereitung auf das Pfarramt
zu, das er Anfangs Juni 1799 übernahm. Wenn

zehn Jahre arbeitete er mit unermüdetem Eifer
an dem Wohle der ihm anvertrauten beiden Ge-
meinden von Uhlbach u. Rothenberg, bis seine Gesundheit, die schon in seiner Jugend u. in dem frühen Mannes Alter nicht fest war, u. die er nur
durch möglichste Schonung, durch Mäßigkeit u. strenge
Lebens Ordnung erhalten konnte, den Zerstörungen
eines hektischen Fiebers erlag, u. er d. 30 Jun. 1818
morg. 3 Uhr an der Luftröhren Schwindsucht starb
in einem Alter von 54 J. 6 M. 20 Tagen.
Sein Parentator am Grabe, Dekan Hauff von Cannstatt, sagt am Schlusse seiner Rede von ihm: „Auch ich
theile mit den Hinterlassenen die Empfindungen des
Schmerzes über den frühen Verlust eines mir so
werthen Amtsbruders, dem ich besonders wegen
seiner Amtstreue, seiner Pünktlichkeit u. Ord-
nungsliebe, seiner gelehrten Kenntnisse, die er bis
in seine letzte Krankheit zu benützen u. anzuwenden
suchte, wegen seiner Bescheidenheit u. Aufrichtigkeit
im Umgang vorzüglich schätzte u. sorglich liebte."
Die besonderen Eigenheiten seines Wesens, seine Men-
schenscheue u. Zurückgezogenheit, seine Unbekanntschaft
mit der Welt, ihren Sitten u. Gewohnheiten, die
Unbeholfenheit im Verkehr mit ihr, die den Stuben-
Gelehrten noch bis in sein Mannes Alter anklebte, wußte
seine lebensfrohe, kluge, geistig kräftige Gattin so zu
leiten, zu beseitigen oder auszugleichen u. zu vermitteln,

94

[...] Jahre arbeitete er mit [...] Eifer in den [...] der ihm [...] beiden Ge-
meinden von Uffbach u. Rothenberg, bis zum Ge-
[...], die ihm in seiner Gegend [...] in dem frü-
heren Mannes Alter nicht [...], die [...] durch mögliche Schonung, durch Mäßigkeit u. [...]
Lebensordnung erhalten [...], der Zerstörung
[...] bis er d. 30 [...] 1818
Morg. 3 Uhr an der [...]
in einem Alter von 54 J. 6 M. 20 Tagen.
[...] am Grabe, [...] Hof von Cannstatt, [...] seiner [...] von ihm: "Auch ich
[...] mit den Hinterlassenen die [...]
[...] über den [...] verlust eines [...] so
[...] den ich besonders wegen
seiner Amtstreue, seiner Pünktlichkeit [...]
[...], seiner [...], die er bis
in seine letzte Krankheit zu [...] u. [...]
[...], wegen seiner Bescheidenheit u. Aufrichtigkeit
im Umgang vorzüglich schätzte u. herzlich liebte."
[...]
[...]
mit der Welt, [...]
[...]
[...] noch bis in sein Mannesalter anklebt, [...]
seine [...], kluge, geistreiche Gattin [...]
[...] zu [...] oder [...]

daß er sich in der Verbindung mit ihr höchst glücklich u. geborgen fühlte, ja für den geselligen Umgang ein ganz anderer Mensch, ein im Kreise der Seinigen mittheilsamer, heiterer, froh scherzender Gesellschafter wurde. Er war ein guter Kenner des Klavierspiels u. Gesangs; seine gelehrten Forschungen führten ihn zu schriftstellerischer Tätigkeit, indem er in den letzten Jahren seines Lebesn in die Ersch-Grubersche Encyclopädie Bd 1 mehrere kirchenhistorische Artikel lieferte.

Nach dem Tode ihres Gatten wurde unerwartet der Wittwe ein neuer Thätigkeits Kreis angewiesen. Ihr unverheiratheter Schwager, Johann Philipp Guckenberger, K. Geheimer Registrator, ersuchte sie nach dem Tode seiner Halbschwester, der Gattin des in Tübingen gestobenen Ritterschafts Sekretärs Zennek, die ihm bisher das Hauswesen besorgt hatte, sich seiner bei seiner Kränklichkeit anzunehmen. Sie zog daher d. 30 März 1819 mit ihrer Tochter nach Stuttgart u. pflegte den Schwager getreulich bis zu seinem 1822 erfolgten Tode, wofür er sie u. ihre Tochter zu Erben seiner, nach Abzug von beträchtlichen Legaten für Verwandte u. wohlthätige Anstalten, noch bedeutende Hinterlassenschaft einsetzte. Ihre Tochter verheirathete sich d. 29 Okt. 1833 mit dem verwittweten General Major, Freiherrn von Stockmayer in Stuttgart, dessen 4te Gattin sie wurde. Die Mutter begleitete sie in ihre neue Lage u. Wohnung, war bei der bald darauf eingetretenen Kränklichkeit ihrer Tochter die Seele der grossen Haushaltung, zog mit ihr bei der Versetzung des Tochtermanns als Generallieutnant, u. Gouverneur nach Ludwigsburg 1837 u. von da, nach dem unerwartet schnellen Tode

desselben 23 Dec. 1837 (eine kurze Biographie von ihm erschien
1837 in Memmingers Jahrbüchern 1. Heft, auch besonders abgedruckt, u. im
Nekrolog der deutschen s. J. 1838 oder 1839*) im Januar 1838
nach Stuttgart, wo sie der Pflege ihrer nervenkran-
ken Tochter mit Geduld u. Ergebung sich widmet.
*) Zwei Bände schriftliche Memoiren, von ihm selbst, verfaßt, bewahrt seine Familie
(gegenwärtig Kaufmann Kapf) auf.

Anm.I. Von Pfarrer Guckenberger war ein Bruder,
Wilhelm, nach Wien gezogen, wo er um seiner Heirath
willen zur katholischen Religions Partei übertrat u. als
K. Oestreichischer Tabaks Geföll Amts Registrator starb, mit
Hinterlassung von 2 Söhnen, Wilhelm u. Jakob,
deren ersterer, K. Oestr. Rath, ohne Kinder starb,
der 2te Sekretär bei der Stempel Geföll Ver-
waltung war u. aus der Verbindung mit
einer Gräfin Clarg 2 Kinder hinterließ, einen Sohn u. eine Tochter.

Anm.II. Eine Schwester des Pf. Guckenberger war
an den Münzward ein Hauglin in Stuttgart
verheirathet, von dessen 2 Töchtern die eine den
Pfarrer Kornbeck in Gaisburg, nunmehr resig-
niert in Stuttgart, die andere den Kaufmann
Kohlhaas in Stuttgart geheirathet hat; die 3te von einer
2ten Gattin, geb. Cronmüller, ist an den vormaligen
Ober-Lieutenant, Mahler v. Schnitzer verheirathet.

Anm.III. Das Testament des Geh. Registrat.
Guckenberger enthält auch die Legirung eines Ka-

deſſelben 23 Dec. 1837 (eine kurze Biographie von ihm erſchien 1837 in Meinungens Jahrbüchern, und beſonders abgedruckt, ꝛc. ꝛ Nekrolog der ꝛc. i. J. 1838 oder 1839) im Januar 1838 nach Stuttgart, wo ſie der Pflege ihrer werdenden kranken Tochter und Geſelle ꝛc. forgſtig ſchuldet.

#) Zwei Bände ſchriftl. Memoiren von ihm ſelbſt verfaßt, bewahrt die Familie (gegenwärtig ꝛc. ꝛ mein Tag) ꝛc. ꝛ.

Anm. I. Von ſeinem Guckenberger war ein Bruder, Wilhelm, nach Wien gezogen, wo er ꝛ um ſeiner Heirath willen zur katholiſchen Religion ꝛ überſtrat ꝛ iſt als k. Öſtreichiſcher Tabaks Geſelle amts Regiſtrator ꝛc. mit Hinterlaſſung von 2 Söhnen, Wilhelm ꝛ Jakob, dem erſteren, k. Öſtr. Rath, ohne Kinder ſtarb, der 2te Sekretär bei der Münzel Geſelle Ver-waltung war ꝛc iſt aus der Verbindung mit einer Gräfin Clary 2 Kinder hinterließ, einen Sohn ꝛ eine Tochter.

Anm. II. Eine Schweſter des ſel. Guckenberger war an den Münzwardein Henglin in Stuttgart verheirathet, von deſſen 2 Söhnen die eine der Pfarrer Rombach in Gaisburg, nunmehr ꝛ ſich iſt in Stuttgart, die andern ꝛ Kaufmann Roſtbach in Stuttgart, geſchäftſch. von einer 2ten Gattin, geb. Eron= der vormaligen Oberlieutenant, Meſſter ꝛ Schnitzerverheirathet.

Anm. III. Das Teſtament des Jaſ. Regiſtrat. Guckenberger enthält auch die Legirung ꝛ Kapitals von 4000 f zum Grundstock einer Familien

Stiftung für die männlichen Nachkommen seiner

Schwestern (Hanglin, Zenneck, Lang (Kaufmann in Tübingen),

Helfferich (Kaufm. in Göppingen) u. seines Bruders,

Pf. Guckenberger, dessen Verwaltung u. Verwen-

dung die 2 ältesten Mitglieder dieser 5 Fa-

milien besorgen.

Anm.IV. General Lieutenant Ludwig Friedrich,

Freiherr v. Stockmeyer, Commandant der 1. Infan-

terie Division u. Gouverneur von Stuttgart, geboren in Weiltingen d. 27

Sept. 1779, gestorben in Stuttgart d. 23 Dec. 1837.

Vom Unter Lieutenant (1794) an bis zum General Lieu-

tenant (1837) durchlief er alle militärischen Grade,

machte von 1799 bis 1815 alle Feldzüge der

Württemberger mit u. hatte so reichlich Gele-

genheit, Beweise seiner Tapferkeit u. seiner mili-

tärischen Talente zu geben.

Die erste ehliche Verbindung ging er 1803 ein

mit Auguste Amalie, geb. Clemens, aus der

2 Söhne, die aber noch vor dem Vater starben,

(Louis ✠ 1829 als Jurist, Otmar ✠ 1836 als Ober Lieute-

nant - er suchte seinen Tode in der Rhone bei Avignon, nach ...

... er 4000 f. zur Gründung einer Familien
Stiftung für die nächsten Nachkommen seiner
Schwestern (Hänzlin, Zweck, Lang (Diakonus in Tübingen)
Helferich (Diakonus in Göppingen) zu seines Bruders,
Joh. Günterbergs, dessen Verwaltung die Sammel-
lung die 2 ältesten Mitglieder dieser 5 Fa-
milien besorgen.

Num. IV. Generallieutenant Ludwig Friedrich,
Freiherr v. Stockmayer, Commandant der 1. Infanterie Division u.: Gouverneur von Stuttgart,
geboren in Wildbingen d. 27 Septr. 1779,
gestorben in Stuttgart d. 23 Dec. 1837.

Vom Unterlieutenant (1794) an bis zum General Lieut-
nant (1837) durchlief er alle militärischen Grad-
... von 1799 bis 1815 alle Feldzüge der
Würtenberger und die hatte so reichliche Gelegenheit, ... seiner Tapferkeit zu seiner militärischen Talent zu geben.

Die erste eheliche Verbindung ging er 1803 ein
mit Auguste Amalie, geb. Clausnitz, aus der
... die aber noch vor dem Vater starben,
(Louis # 1829 als ..., Oscar # 1836 als Oberlieutenant — er säßt seinen Tod in der ... bei ..., nach

dem er mit seiner Gattin nach Egypten hatte auswandern
wollen) und 2 Töchter (Auguste, verheirathet an
Kaufmann Carl Kapf in Stuttgart, u. Fany, verheirathet an Fabrikant Wieland in Ulm) ihm
geboren wurden; er sah sich, aber genöthigt diese
Veerbindung 1815 wieder trennen zu lassen, u. heirathete 1819 Charlotte, Tochter des Leib Med. Kauß in
Stuttgart, die ihm 3 Kinder gebar, wovon noch zwei
leben (Carl, geb. d. 6 Mai 1821, Lotte, geb. d. 6.
Sept. 1822), aber an der Geburt des Letzten 1822 starbm
während der Gatte auf einem Manöver war. Dann
verband er sich 1824 mit deren Schwester, Luisa, die
1827 starb, worauf er 1833 zur 4ten Heirat
schritt mit Luise Guckenberger (s. p. 93). Er
war damals General Major u. Kommandant von
Stuttgart, wurde 4 Febr. 1837 zum Generatl Lieutn.
Commandantur deer 2ten Infant. Divis. Gouverneur
von Ludwigsburg u. Hohenasperg ernannt u. mußte nun
seinen Wohnsitz in Ludwigsburg nehmen, wo
er bis zum … des genannten Jahres verweilte
u. … zum Command. Der 1ten Infant. Divis.
u. Gouverneur von Stuttgart ernannt wurde. Daher
begab er sich d. 22 Dec., um dem Könige für die Beför-

den er mit einer Gattin nach Egypten hatte entsenden wollen —) und 2 Töchter (Auguste, verheirathet an Kaufmann Carl Bayh in Stuttgart, u. Fanny, die verheirathet an Fabrikant Winland in Ulm) ihm geboren wurden; er ließ sich aber genöthigt dieß Verhältniß 1815 wieder kommen zu lassen, u. heirathete 1819 Charlotte, Tochter des Leib-Med. Raff in Stuttgart, die ihm 3 Kinder gebar, wovon noch zwei leben (Carl, geb. d. 6 Mai 1821, Lotte, geb. d. 6. Dezb. 1822) aber an der Geburt des Letzten 1822 starb, worauf die Gattin aufs neue Manöver war, u. wurde der sich 1824 mit einer Schwester, Luise, die 1827 starb, worauf er 1833 zur 4ten Heirath schritt mit Luise Gücken barger (l. K. 95.) er war damals General Major zu Commandant von Stuttgart, wurde 4 Febr. 1837 zum General-Lieut. Commandanten der 2ten Infant. Divis. Gouverneur von Ludwigsburg (die Besatzung mußte ihm wünschen seine Wohnsitz in Ludwigsburg nehmen,) so er bis zum Okt. dezember Jahres verweilte zu später zum Comand. der 1ten Infant. Divis. zu Gouverneur von Stuttgart ernannt wurde. Das begab sich d. 22 Dez. um den König für die Besör

derung seinen Dank zu sagen. Anscheinend gesund verließ er nachmittags die Seinigen mehrere bedenkliche
Anfälle von Brustkrampf waren im Laufe dieses Jahres
vorangegangen), brachte bei seiner Tochter, Auguste Kapf,
den Abend heiter zu, legte sich ruhig zu Bette u. erlag schon nach Mitternacht einem Erstickungs
Anfalle, ohne daß ein schleunig herbeigerufene
ärztliche Hülfe Rettung zu bringen vermochte. Er hat sein Leben auf 58 J. 2 M. 25 Tage
gebracht.

Im März 1839   Beck.

… seinem Beck zu sagen. … gestern am … Nachmittag … (… … Anfälle im … …) brachte die … Mutter, Auguste …, den Abend … zu, legte sich … zu Bette … … … nach Mitternacht einem … … Anfalle, ohne daß ihr … … … ärztliche Hilfe Rettung zu bringen vermochte. Er hat sein Leben auf 58 J. 2 M. 25 Tag gebracht.

————————— im März 1839. Beck.

Die Kinder des M. Johann Jakob Ludwig,
Pfarrer's in Uhlbach u. Kl. Sachsenheim.

(s. p. 61. 82. 91. 92.)

4) Auguste Charlotte <u>Friederike</u> Ludwig, geb.
in Uhlbach d. 7 März 1782.
Auch sie brachte ihre Jugend Jahre in Uhlbach zu, geleitet von
einer zärtlichen, ihr besonders sich hingebenden Mutter,
die in der Sinnesart u. Weise dieser Tochter ihr eigenes
gemütliches Wesen besser erkannte, als bei der älteren
Schwester, die mehr nach des Vaters Sinn war u.
daher auch an diesen sich inniger anschloß. Sie
war von klein an dem Sinnigen, dem inneren,
geistigen Leben zugewandt. Aeusserlichkeiten
waren ihr gleichgültig; mochten andre ihrer Ge-
spielinnen in Putz u. eitlem Tand sich ergehen:
ihr Sinn war auf geistige Beschäftigung gerichtet;
ihre Wißbegierde, mitunter auch ihr Hang, Unterhal-
tung in der Lektüre zu suchen, war unbe-
gränzt; man sah sie da mit einem Buche,
wo die ältere Schwester in der Strickarbeit ihre
Befriedigung suchte. Dadurch bildete sie ihren
Geist, für welchen bei den damals durch die Zeit
Umstände u. die häuslichen Verhältnisse beschränk-
ten Mitteln der Erziehung u. des Unterrichts
wenig von Aussen geschehen konnte, u. machte ihn
für alles Schöne u. Gute empfänglich, ohne ihre Vorbe-

100

Die Kinder des M. Johann Jakob Ludwig,

Pfarrers in Ußbach u. Kl. Bockenheim.

(p. 61. 82. 91. 92.)

A) Augusta Charlotte Friederike Ludwig, geb.
in Ußbach d. 7 März 1782.

Auch brachte sie ihre Jugend Jahre in Ußbach zu, geliebt von
einer zärtlichen, ... sich hingebenden Mutter,
die in der Dienstbarkeit der Weise dieser Tochter ... irgend
... Besseres erkannte, als bei der ältern
Schwester, die mehr nach der Schwester Sinn war u.
daher sich an dieser sich inniger anschloß. Diese
war von klein an dem Düstigen, dem innern,
geistigen Leben zugewandt. Äußerlichkeiten
waren ihr gleichgültig, ... Andere ihre Ge-
spielinnen in Putz u. ... ... sich vergehen;
ihr Sinn war auf geistige Beschäftigung gerichtet,
ihr ... , mit ... der Hang, ... Unterhal-
tung in der Lektüre ... suchen, war in ...
gehängt; ... ... sie da mit einem Buche,
wo die ältere Schwester in der Stärkerheit ihre
Beschäftigung suchte. Dadurch bildete sie ihren
Geist, für welchen bei der damals ... die Zeit
Umstände u. die ländliche Abgeschiedenheit beschränk-
ten Mitteln der Erziehung u. des Unterrichts
wenig von Außen geschehen konnte, u. machte ihn
für alles Schöne u. Gute empfänglich, ohne ihre ...

reitung für ihre künftige eigentliche bestimmung
hintanzusetzen, da sie in der Folge die Pflichten der
Gattin u. Mutter aufs treuste erfüllte.

Bei einem mehrwöchentlichen Aufenthalte in dem
Hause des befreundeten Regierungs Rathes Berger
in Stuttgart 1800 lernte sie ihren nachherigen Gat-
ten kennen, mit welchem öfter zusammenzukommen ihr
das Haus ihrer Schwester in Uhlbach Gelegenheit bot.
Sie verband sich d. 24 Aug. 1801 ehlich mit
<u>Gottlieb</u> Christoph Friedrich Pfähler, geb. in
Cannstatt d. 12 Okt. 1768. Anfangs zum geistl.
Stand bestimmt, erwarb er sich gute Kenntnisse in
den alten Sprachen in der latein. Schule seiner
Vaterstadt, wandte sich aber, weil sein Vater die
Kosten des Studirens scheute, der Schreiberei zu, die
er bei dem Stadt u. Amtsschreiber Hallwag in Cannstatt erlernte, arbeitete mehrere Jahre als Substitut in der Amtsschreiberei zu Maulbronn,
wurde d. 21 Nov. 1797 Stadt u. Amts Pfleger in
Cannstadt, übernahm aber erst an Georg. 1801 die Amts-
pflege selbst von seinem alten Vater, wurde 1806
zum Bürgermeister, im Jun. 1819 zum Stadtschult-
heissen erwählt u. resignirte 1828.

Die in dieser Ehe erzeugten Kinder sind:
1) Ein Knabe, totgeboren d. 1 Mai 1802.

mitung für ihre künftige eigentliche Bestimmung
hinten gesetzt, da sie in der Folge die Pflichten der
Gattin u. Mutter aufs treueste erfüllte.

Bei einem mehrwöchentlichen Aufenthalte in dem
Hause des befreundeten Regierungs Rathes Banzer
in Stuttgart 1800 lernte sie ihren nachherigen Gat-
ten kennen, mit welchem öfter zusammen zu kommen ihr
das Haus ihrer Schwester in Uffbach Gelegenheit bot.
Sie verband sich d. 24 Aug. 1801 ehlich mit
Gottlieb Christoph Friedrich Pfläster, geb. in
Cannstatt d. 12 Okt. 1768. Anfangs zum geistl.
Stande bestimmt erwarb er sich zum Rücktritt in
den alten Plänen in der lateinischen Schule seiner
Vaterstadt, wandte sie jedoch aber, weil sein Vater die
Kosten des Studierens scheute, der Schreiberei zu, die
er bei dem Stadt u. Amtsschreiber Halleszy in Cannstadt erlernte, arbeitete mehrere Jahre als Substitut in der Amtsschreiberei zu Marbach,
wurde d. 21 Nov. 1797 Stadt u. Amtspfleger in
Cannstatt, übernahm aber erst zu Georg. 1801 die Amts-
pflege selbst von seinem alten Vater, wurde 1806
zum Bürgermeister, im Jun. 1819 zum Stadtschult-
heißen erwählt u. resignierte 1828.
Die in dieser Ehe erzeugten Kinder sind:
1) ein Knabe, todtgeboren d. 1 Mai 1802.

2) Ferdinand <u>Albert</u>, geb. d. 21 Jun. 1804, wurde ins Seminar nach Urach 1818 u. nach Tübingen 1822 aufgenommen, wo er Theologie studirte, war Vikarius
in Schweikheim, Weiler zum Stein, Diakonats Verweser
in Gr. Botwar, Pfarramts Verweser in Untertürkheim,
u. hatte das Unglück, beim Bade im Neckar bei
Canstatt (zugleich mit einem Freunde Vikarius Faber
von Oberstenfeld) zu ertrinken d. 12 Jul. 1832.
3) Albertine Luise Amalie, geb. d. 25 Febr. 1806, gest. d. 11. Sept
dess. J.
4) <u>Sophie</u> Henriette Amalie, geb. d. 28 Apr. 1808, verehr-
licht in Cannstatt d. 5 Sept. 1826 mit Med. D. / später K. Hof-
arzte, Philipp Friedr. Hopfengärtner (Sohn des Leib Me-
dikus in Stuttgart) geb. in Stuttgart d. 5 Sept. 1799,
gestorben auf einer Berufs Reise in Friedrichshafen d.
22 Aug 1831 an der Haut Wassersucht.
Kinder aus dieser Ehe:
a) Carl Friedrich <u>Hermann</u>, geb. in Stuttgart d.
10 Dec. 1827.
b) Philipp <u>Friedrich</u>, geb. eben das. d. 22 Dec. 1828.
c) Georg, geb. eben das. d. 26 Dec. 1830.
Zum zweiten Male verehlicht in Wildberg d. 10 März
1839 mit Emil. Vetter, Kaufmann in St. Gallen.
5) Marie <u>Luise</u>, geb. d. 25 Sept. 1812, verehlicht
in Wildberg d. 29 Okt. 1833 mit Carl Georg Hal-
denwang, Stadtpfarrer in Wildberg, Sohn des Schul-

102

2) Ferdinand <u>Albert</u>, geb. d. 21 Jun. 1804, wurde ins Seminar nach Urach 1818 u. nach Tübingen 1822 aufgenommen, wo er Theologie studirte, war Vikar
in ...., Vikar zum Stein, Diakonatsverweser
in Gr. Bottwar, Pfarr amtsverweser in Unterdeufstetten,
... hatte das Unglück, beim Baden im Neckar bei
.... (zugleich mit einem ...., Vikar ....
von ....) zu ertrinken d. 12 Jul. 1832.

3) Albertine Luise Amalie, geb. d. 25 Febr. 1806, gest. d.
11 ....

4) <u>Sophie</u> Henriette Amalie, geb. d. 28 Apr. 1808, verehelicht in .... d. 5 Sept. 1826 mit Med. D. Hofrath R. Hof-
Apoth. Philipp Friedrich Hoffmanngärtner (Sohn der Lieb. ....
..... in Stuttgart) geb. in Stuttgart d. 5 Sept. 1799
gestorben ... einem .... in Friedrichshafen d.
22 Aug. 1831 an der Haut Wassersucht.

Kinder aus dieser Ehe:

a) Carl Friedrich <u>Hermann</u>, geb. in Stuttgart d.
10 Dec. 1827.

b) Philipp <u>Friedrich</u>, geb. ebendas. d. 22 Dec. 1828.

c) <u>Georg</u>, geb. ebendas. d. 26 Dec. 1830.

Zum zweiten Male verehelicht in Wildberg d. 10 März
1839 mit Emil Walter, Kaufmann in St. Gallen.

5) Maria <u>Luise</u>, geb. d. 25 Sept. 1812, verehelicht
in Wildberg d. 29 Oct. 1833 mit Carl Georg Hal-
......., Stadtpfarrer in Wildberg, Sohn des Phil.

meisters u. Schultheissen in Simmozheim, O. A. Calw.
Kinder aus dieser Ehe:

a) Carl Georg, geb. d. 15 Dec. 1834, gest. d. 15 Jan. 1835.

b) Carl Georg, geb. d. 24 Jan. 1836.

c) Erst Theodor, geb. d. 8 März 1838, gest. d. 7 Okt. dess. J.

6) Friedrich Wilhelm, geb. d. 21 Dec. 1815, besucht die lat. Schule in Cannstatt bis 1828, in Vaihingen a./E. bis Herbst 1829, lernt die Apotheker Kunst bei Weismann in Mezingen bis 1833, kommt als Gehülfe nach Stuttgart 1834, nach Solothurn bis 1837, nach Genf bis 1838, studirt die Pharmazie in Tübingen von Herbst 1838 bis 1839.

7) Emilie, geb. d. 14 Sept. 1820.

Anm. I. Die Pfähler stammen von Straßburg ab u. sollen aus dem Würtembergischen, wo sie Lehens Güter besaßen, dahin gezogen sein.

Der, 1ste bekannte Stammvater: Johann Leonhard Pfähler, Kaufmann u. Stadtohlmann (sic!) u. Richter in Straßburg, gest. d. 26 Apr. 1700, dessen Gattin: Maria Ursula, geb. Lobstein von Straßburg, gest. daselbst d. 28 Apr. 1705.

2ter Stammvater: M. Johann Jakob Pfähler, geb. in Straßburg d. 19 Jul. 1677, gestorben in Cannstatt d. 14 Jul. 1762, 85 J alt; studirte im Gymnasium zu Straßburg Philosophie u. Theologie, setzte seine theolog. Studien in Tübingen fort, wurde Vikar u. in Mühlheim am Neckar, O. A. Sulz u. auf diese patronatische Pfar-

... d. Schullehrers in Pcontwyheim, O. A. Calw.

Kinder aus dieser Ehe:

a) Carl Georg, geb. d. 15 Dec. 1834, gest. d. 13 Jan. 1835.

b) <u>Carl</u> Georg, geb. d. 24 Jan. 1836.

c) Ernst Theodor, geb. d. 8 März 1838, gest. d. 7 Oct. dess. J.

6) Friedrich <u>Wilhelm</u>, geb. d. 21 Dec. 1815, besuchte die
lat. Schule in Cannstadt bis 1828, in Freisingen s/c. bis
Herbst 1829, lernt die Apotheker Kunst bei ... -
nem in Marzingen bis 1833, kommt als Gehülfe nach Stuttgart 1834, nach Solothurn bis
1837, nach Genf bis 1838, und war die Pharmacie
in Tübingen von Herbst 1838 bis 1839.

7) Emilie, geb. d. 14 Sept. 1820.

Anm. 1. Die Schüler stammen von Straßburg ab. Sie sollen
aus dem Württembergischen, wo sie daselbst Güter be-
sessen, dahin gezogen sein.

Der 1te bekannte Stammvater: Johann Leonhard
Schüßler, Kaufmann d. Stadt Oßmann (sic!)
d. Richter in Straßburg, gest. d. 26 Apr. 1700.
Dessen Gattin: Maria Ursula, geb. Holstein von
Straßburg, gest. daselbst d. 28 Apr. 1705.

2ter Stammvater: M. Johann Jakob Schüßler, geb.
in Straßburg d. 19 Jul. 1677, gestorben in Cannstadt d.
14 Jul. 1762, 85 J. alt; studierte in Gymnasium zu
Straßburg Philosophie u. Theologie, setzte sein Studium
u. a. in Tübingen fort, wurde ... Pfar-
rer in Unckar, O. A. ... getrennte Pfar.

rei berufen. 4 Jan. 1706, Pfarrer zu Zavelstein u. Teinach 2 Febr 1707, zu Ensingen, O. A. Vaihingen, 4 Mai
1717, wo er über 20 Jahre bis zu seiner Neudedonirung
(in Folge eines Vorwurfs, dem man ihm in der Geschichte des Herzogs Eberhard Ludwig mit der Fräul. v. Gräveniz machte)
verweilte. Die letzten Jahre brachte er bei seinem
Sohne in Cannstatt zu. Als Pfarrer zu Mühlheim verheirathete er sich d. 22 Jun. 1706 mit Sibylla, Tochter
des Zacharias Dollmetsch, Salzverwalters u. Gerichts Ver-
wanten in Sulz a. Neckar, geb. d. 10 Febr. 1684, gestorben d. 7 Apr. 1760 bei ihrer Tochter in Wahlheim.
3ter Stammvater: Gottlieb Christoph Friedrich Pfähler,
geb. zu Ensingen d. 28 Aug. 1722, gest. in Cann-
statt d. 12 Apr. 1805, Amtspfleger, Bürgermeister
in Cannstatt, verheir. 1) d. 9 Sept. 1751 mit Maria Franziska, geb. Schwoll von Marbach 2) d.
20 Aug. 1762 mit Friedrike Regina Riecke,
Tochter des Stadt u. Amts Physikus in Stuttgart,
geb. d. 24 Aug. 1741, gestorb. d. 2 Nov. 1815.
4ter Stammvater: <u>Gottlieb</u> Christoph Friedrich Pfähler, geb. in Cannstatt d. 12 Okt. 1768. (s. oben)

Anm. II. Das Zweitjüngste von den 16 Geschwistern des 4ten
Stammvaters ist:
Rosine <u>Elisabethe</u> Pfähler, geb. in Cannstatt d. 30
Aug. 1783, verheirathet d. 11 Aug. 1807 mit

...den 4 Jan. 1706, Pfarrer zu Hasalstein u. Lienach 2 Febr. 1707, zu Fasingen, O.A. Reisingen, 4 Mai 1717, wo er über 20 Jahre bis zu seiner Rücktemirirung ... Folge und Vorworb, ... ihm in der Geschichte des Herzogs Eberhard Ludwig mit der Gräfl. v. Grävenitz ...) ... Die letzten Jahre brachte er bei seinem Sohne in Canstatt zu. Als Pfarrer zu Münchheim verheirathet er sich d. 22 Jun. 1706 mit L. Sibylla, Tochter des Zacharias Tollmatsch, Salzverwalter und Gerichtschreiber in Tölz a. Isar, geb. d. 10 Febr. 1684, gestorben d. 7 Apr. 1760 bei ihrer Tochter in ...

3ter Stammvater: Gottlieb Christoph Friedrich Pfähler, geb. zu Fasingen d. 28 Aug. 1722, gestorb. in Canstatt d. 12 Apr. 1805, Amtspfleger, Bürgermeister in Canstatt, verheir. 1) d. 9 Sept. 1751 mit Maria Franziska, geb. Tschull von Marbach. 2) d. 20 Aug. 1762 mit Friederika Regine Rimbe, Tochter des Stadt- u. Amtsphysikus in Stuttgart, geb. d. 24 Aug. 1741, gestorb. d. 2 Nov. 1815.

4ter Stammvater: Gottlieb Christoph Friedrich Pfähler, geb. in Canstatt d. 12 Oct. 1768. (s. oben)

Num. 11. des Zweitjüngste von den 16 Geschwistern des 4ten Stammvaters ist:

... Elisabetha Pfähler, geb. in Canstatt d. 30 Aug. 1783, verheirathet d. 11 Aug. 1807 mit

M. Eberhard Heinrich Mohr, Diakonus zu Winnenden, Pfarrer in Ensingen, Wittwe seit 13 Dec. 1831.

Kinder aus dieser Ehe:

a) Heinrich Mohr, geb. in Winnenden d. 15 Jan. 1809, studirt die Regiminal Wissenschaft, Oberamts Aktuar in Vaihingen a. d. E.

b) Lisette Friederike Luise Mohr, geb. in Winnenden d. 11 Aug. 1811.

im April 1839   Beck.

M. Eberhard Heinrich Moser, Diakonus in Winnenden, Pfarrer in Lehingen, Wittwer seit 13 Dec. 1831.
Kinder aus dieser Ehe:
a) Heinrich Moser, geb. in Winnenden d. 15 Jan. 1809
studirt die Regiminal Wissenschaft, ... Aktuar
in Saißungen a. d. ...
b) Lisette Friederike Luise Moser, geb. in Winnenden
d. 11 Aug. 1811.

im April 1839.   Beck.

——————————————

- 207 -

Die Kinder des M. Joh. Jak. Ludwig
Pfarr. in Uhlbach u. Kl. Sachsenheim.
(s. p. 61. 82. 91. 100.)

5) Johann Jakob Ludwig, geb. in Uhlbach d. 20 Mai
1786
Seine Lebens Umstände s. unten p.

6) Charlotte Wilhelmine Ludwig, geb. in Uhlbach d. 14 Nov 1788, gest in Stuttgart d. 5 Sept.
1837.
s. p. 61. 68 folg.

7) Wilhelm Friedrich v. Ludwig, geb. in
Uhlbach d. 16 Sept. 1790.
(s. p. 61)

Doktor der Medicin u. Chirurgie, K. Leib Arzt,
Ober Medicinal Rath, Vice Direktor des Medicinal
Collegiums, Ritter des Ordens der Würt. Krone, *) Prä-
sident des Würtemb. ärztlichen Vereins; der Aca-
demie royale de Médecine in Paris, der medicin. Fakultät in Neu York, des ärztlichen Vereins
in Berlin u. München, der Staatsärztl. Gesellschaft

*) 26 Sept. 1839 Commenthur dieses Ordens.

die Kinder des M. Joh. Jak. Ludwig,

Pfarr. in Ußbach u. Kl. Dachenheim.

(f. p. 61. 82. 91. 92. 106.)

5) Johann Jakob Ludwig, geb. in Ußbach d. 20 Mai 1786.

Seine Lebens Umstände s. unten p.

6) Charlotta Wilhelmina Ludwig, geb. in Uß-bach d. 14 Nov. 1788, gest. in Stuttgart d. 5 Sept. 1837.

f. p. 61. 68. folg.

7) Wilhelm Friedrich v. Ludwig, geb. in Ußbach d. 16 Sept. 1790.

(f. p. 61.)

Doktor der Medicin u. Chirurgie, Kl. Leibarzt, Ober Medicinal Rath, d. Director d. medicinal ~~Collegiums~~ Collegiums, Ritter des Ordens der Würt. Krona, Prä-sident d. Würtemb. ärztlichen Vereins; der Aca-demie royale de Médecine in Paris, der medi-cin. Fakultät in New York, d. ärztlichen Verein in Berlin u. München, der Staats. ärztl. Gesellschaft

† 26 Sept. 1839 commen-der dieser Ordens.

in Offenbach, der Gesellschaft für Natur u. Heilkunde
in Heidelberg, pp pp Ehren- u. ordentl. Mitglied;

Er erhält den lateinischen Schul Unterricht in der Schule
seines Bruders Carl in Markgröningen u. Neuenbürg 1801 bis 1803, kommt in die Lehre zu Wundarzt u. Operateur Schönlin in Neuenbürg vom
Jun. 1804 bis Sept. 1807, besucht die Universität Tübingen 1807, erhält die erste von
König Friedrich gestiftete Preis Medaille
für Fleiß u. Fort Schritte in der Chirurgie
d. 6 Nov. 1809, nimmt den Grad eines Doktors
der Medicin u. Chirurgie an im Jun. 1811,
wird zum Militär ausgehoben u. Unterarzt des Regiments Nr. 3. d. 30 Jun. 1811,
Spitaloberarzt d. 20 Jul. 1812, wird den zum
Feldzuge gegen Rußland abgegangenen Würtembergischen Armeekorps nachgeschickt d. 23
Aug. 1812, geräth d. 9 Dec. 1812 in Vilna in Gefangenschaft, wird nach überstandenem Nervenfieber
daselbst am 7 Apr. 1813 bis nach Saratow
an der Wolga transportirt, wo er den Winter
von 1813 bis 1814 zubringt, kehrt ins Vaterland zurück im Frühjahr 1814, wird nach Hohenheim zum Spi-

in Offenbach, die Gesellschaft für Natur u. Heilkunde in Heidelberg, ꝛc ꝛc Ehren- u. ordentl. Mitglied,

Er erhielt den lateinischen Schulunterricht in der Schule seines Bruders Carl in Markgröningen u. Naumburg 1801 bis 1803, kommt in die Lehre zu ... der Oginaler Schule in Nürnberg von ... 1804 bis Sept. 1807, besucht die Universität Tübingen 1807, erhielt die erste von König Friedrich gestiftete Preis Medaille für ... der Chirurgie d. 6 Nov. 1809, wird der Grad eines Doktors der Medicin u. Chirurgie an im Jun. 1811, wird zum Militair aufgehoben der Unterarzt des Regiments Nr: 3. d. 30 Jun. 1811, Oberarzt d. 20 Jul. 1812, wird dem zum Feldzuge gegen Rußland abgegangenen Würtembergischen Armeekorps nachgeschickt d. 23 Aug. 1812, gerieth d. 9 Dec. 1812 in Wilna in Gefangenschaft, wird nach überstandenem Nervenfieber daselbst am 7 Aug. 1813 bis nach Saratow an der Wolga transportirt, wo er den Winter von 1813 bis 1814 zubringt, kehrt ins Vaterland zurück im Frühjahr 1814, wird nach Hohenheim zum Ofital der Nervenfieber Kranken beordert Mai 1814, rückt

zum Feldzug gegen Frankreich aus 1815, wird

zurückberufen u. zum Professor der Medicin in

Tübingen ernannt Mai 1818, Leibarzt des

Königs Friedrich d. 16 Apr. 1816, kehrt nach des-

sen Tode im Früjahr 1816 als funktioni-

render Professor nach Tübingen zurück,

wird bald darauf Mai 1817 von König

Wilhelm als Leibarzt u. Ober Medicinal Rath

zurückberufen, wird Ritter des Ordens der

Würt. Krone d. 6 März 1821, erhält den

Titel als Vice Direktor des Medicinal

Collegium's 1836; hat seit vielen Jahren

eine ausgebreitete medicinische u. chirur-

gische Praxis.

tel der Nervenfieber Kranken bewirkt Mai 1814, rückt
zum Feldzug gegen Frankreich aus 1815, wird
zurückberufen u. zum Professor der Medicin in
Tübingen ernannt Mai 1815, Leibarzt des
Königs Friedrich d. 16 Apr. 1816, kehrt nach dessen Tod im Frühjahr 1816 als Funktioni-
render Professor nach Tübingen zurück,
wird bald darauf Mai 1817 von König
Wilhelm als Leibarzt d. Ober Medicinal Raths
zurückberufen, wird Ritter des Ordens der
Würt. Krone d. 6 März 1821, erhielt die
Stelle als Vice direktor des Medicinal
Collegiums 1826; seit seit vielen Jahren
in ausgebreiteter medicinischer u. chirur-
gischer Praxis.

Die Kinder des M. Johann Jakob Ludwig,
Pfarrers in Uhlbach u. Kl. Sachsenheim.
(s. p. 61.)

8) <u>Auguste</u> Maria Ludwig, geb. in Uhlbach
d. 27 Sept. 1795.

die Kinder des M. Johann Jakob Ludwig,

Pfarrer in Aßbach ... Kl. Bessheim.

(s.n. 61.)

8) Auguste Marie Ludwig, geb. in Aßbach
d. 27 Sept. 1795.

Bad Liebenzell, Pfingsten 1972.

Dieses Familienbuch der mir so nahestehenden Familie
Ludwig von 1602 bis 1839 hat mir, dem Pfarrer i. R. und
Musiker Heinrich (Konrad) K.H.E. Mohr de Sylva in Tübingen, einst Pfr.
in Steinkirchen, auch Ehrenbürger daselbst, dann I. Stadtpfr. in Eßlingen,
dann Pfr. in Kilchberg, insgesamt aktiver Geistlicher von 1913 bis 1965, eine
ganz große Freude bereitet. Hat doch meine Tochter Ute den Traugott
Ludwig aus dieser Familie zum Ehemann u. bereits 3 prächtige Kinder aus
dieser Verbindung! Und ist doch die Verbindung von Theologie u. Pfarrdienst
mit der Musika in beiden Familien durch die Jahrhunderte so etwas Er-
freuliches u. Verbindendes, vom 17. Jahrhundert an, wo der wirkliche Stammvater
Ludwig als Rektor Musices berühmt wurde und der erste Mohr in Württbg.
auftauchte (ab 1394), dessen Sohn das als Theologe der Lehrer des Erbprinzen
auf der Reußflöte wurde in Bad Teinach, wo der Vater jetzt das Haus für den
Herzog gebaut hatte (als kirchl. Württ. Ingenieur u. Baudirektor), — doch wohl bis
zur Jetztzeit, wo der Rektor Konrad mindestens 60 Singwochen geleitet hat.
Ich aber die Freude an verwandtschaftlichen Entdeckungen durch dies Buch:

1) Reg. 20: Generalsuperintendent der freien Reichsstadt Ulm im

30 jähriger Krieg Dr. theol. Konrad Dieterich — er steht in Überlebens-
größe noch heute im Ulmer Münster am Taufstein neben Joh. Seb Bach —
ist Ute Ludwigs 2 facher Klinkert u. Freigott Ludwigs ältester wirkli-
cher Onkel! Und wie dieser letztere dem Schwedischen Kirkenwesel münde
nach seinem Druck als gen. Feldsupts, so war unser Ahn Dr. med. Daniel
Dieterich (der Bruder Ernen Ahnfrau) zuerst zwar Leibmedicus der Schwed.
Generals Horn, u. darnach in Friedenszeit der höchste Arzt der Reichsstadt Ulm.

2) Pag 26: Conrad Wiederhold war zu liebe Vetter unseres Ahnherrn
Conrad Dieterich, u. wir haben auch Briefe zwischen den Beiden.
Es freut mich, daß er geradeso der Vetter von Freiburg = Haas = Ludwig war.
Ein weiterer Vetter übrigens war der Schwedische Oberst Sperreuter,
den Vetter Wiederhold in seine Gefangenschaft brachte auf den Hohentwiel.

3) Pag 105: Mein Vetter Heinrich Mohr lebte schon im
19 Jahrhundert, wie ich auch schon. Er u. die Lisette waren Vater
u. Mutter von 2 lieben Onkels von mir: a) Heinrich Mohr jün.,
Oberbehnsekretär in der General Direktion Stuttgt, von dem ich 1 Mohr'sches
Ölgemälde u. den berühmten Operateur Mohr von Wald als Geschenk bekam. Zu seinen Nachkommen gehört jetzt lebend Oberlandesgerichtsrat Plaust
aus der bekannten Familie, sowie Urenkeschwiester Sieglock in München.
b) Mein l. Onkel Eugen Röther, D. theol. h. c., Generalstaatsanwalt
für Württemberg. Wie schön, daß diese auch zur Ludwigschen
Verwandtschaft gehören, durch die Pfähler!

Ich schließe hier noch für die Jungen mit Goethe:

    Was du ererbt von deinen Vätern hast,
        Erwirb es, um es zu besitzen!"

                        E B
        Der Vetter Heinrich O? Prof. d. Syst. in Tübingen.

(nach dem Ahn selbst Conrad) 22. 5. 1973
            Conrad!